Peter Mayle

Toujours Provence

Illustrationen von Judith Clancy

Aus dem Englischen von Gerhard Beckmann

D1858755

Knaur

Für Jennie, wie immer,
und für meine Freunde und Partner
bei meinen Untersuchungen,
die auf so vielfältige Weise großzügig waren:
Michel aus Châteauneuf, Michel aus Cabrières,
Henriette und Faustin, Alain, der Trüffeljäger,
Christopher, Catherine und Bernard.

Mille mercis

Inhaltsverzeichnis

Les Invalides 11
Der englische *Écrevisse* 23
Boy 35
Über fünfzig, ohne das Tempolimit zu überschreiten 45
Die singenden Kröten von St. Pantaléon 57
In Châteauneuf-du-Pape wird nicht ausgespuckt . 69
Trüffelkauf bei Monsieur X 83
Napoléons hinten im Garten 99
Wie in *Vogue* annonciert 115
Meist trocken, mit gelegentlichen Bränden 131
Ein Diner mit Pavarotti 143
Eine *Pastis*-Lektion 153
Der *Flic* 165
Bissen für Bissen mit dem sportlichen Gourmet . . 177
Randnotizen zu Mode und Sport von der Hundeschau in Ménerbes 197
Im Bauch von Avignon 207
Sommerpostkarten 217
Haltet den Hund! 233
Das Leben durch eine rosarote Brille 245

Glossar 259

PULL
100f
clancy

Les Invalides

Ich war in eine Apotheke in Apt gefahren, um Zahnpasta und Sonnenöl zu kaufen, zwei völlig harmlose und gesunde Produkte. Als ich wieder zu Hause ankam und sie aus der Tasche holte, merkte ich, daß mir das Mädchen, das mich bedient hatte, ein lehrreiches, doch verwirrendes Geschenk dazugelegt hatte. Es war ein aufwendiger, vierfarbig gedruckter Prospekt, der vorn eine Schnecke zeigte, die auf einer Toilette saß. Sie wirkte leidend, ganz als hätte sie dort bereits ein Weilchen gesessen, ohne Großes zu leisten. Die Fühler hingen schlaff herunter. Ihr Blick war trüb. Über dem Bild stand als Text: *La Constipation.*

Womit hatte ich das verdient? Machte ich den Eindruck eines verstopften Menschen? Oder lieferte die Tatsache, daß ich Zahnpasta und Sonnenöl gekauft hatte, dem fachfraulichen Auge der Apothekerin ein Indiz – einen Hinweis, daß mit meinem Verdauungssystem etwas nicht in Ordnung war? Ob das Mädchen etwas wußte, was ich nicht wußte? Ich begann den Prospekt zu lesen.

»Nichts«, hieß es da, »ist so alltäglich und kommt so häufig vor wie Verstopfung.« Laut Verfasser litten rund zwanzig Prozent der französischen Bevölkerung unter den Schrecken des *ballonnement* und der *gêne abdominale*. Trotzdem war für einen flüchtigen Beobachter wie mich den Menschen auf den Straßen, in den Bars und Cafés keinerlei Unwohlsein anzusehen – nicht einmal in den Restaurants, wo vermutlich zwanzig Prozent der Kundschaft trotz ihres *ballonnement* täglich zwei kräftige Mahlzeiten aßen. Welche Charakterstärke im Angesicht der Gefahr!

Ich hatte die Provence immer für eine besonders gesunde Gegend gehalten. Die Luft ist rein, das Klima trocken; es gibt frisches Obst und frisches Gemüse in Hülle und Fülle, man kocht mit Olivenöl, und Streß scheint es hier nicht zu geben – eine bekömmlichere Kombination von Lebensumständen war kaum mehr vorstellbar. Wenn jedoch zwanzig Prozent dieser Menschen mit ihren rotbackigen Gesichtern und ihrem herzhaften Appetit die Leiden verheimlichten, die durch einen Verkehrsstau im *transit intestinal* verursacht werden, mußte man sich fragen, was sie wohl sonst noch alles verheimlichten.

Ich beschloß, ein aufmerksameres Auge auf provenzalische Wehwehchen und Heilmittel zu richten, und so wurde mir nach und nach klar, daß es tatsächlich ein Lokalleiden gibt, das, wie ich inzwischen glaube, das ganze Land erfaßte. Es ist die Hypochondrie.

Ein Franzose fühlt sich nie unwohl: Er hat eine *crise*. Die beliebteste Krise ist die *crise de foie,* die eintritt, wenn die Leber endlich gegen die Strafen rebelliert, die ihr zugemutet werden durch *pastis,* Mahlzeiten mit fünf Gängen und den *vin d'honneur,* der zu allen Gelegenheiten serviert wird – von der Eröffnung eines Autoverkaufssalons bis zur Jahresversammlung der Kommunistischen Partei im Dorfe. Es gibt dagegen ein einfaches Mittel: keinen Alkohol und viel Mineralwasser. Doch eine viel befriedigendere Lösung des Problems – sie bestärkt den Patienten nämlich in dem Gefühl, er sei krank, und erspart ihm somit das Eingeständnis, über die

Stränge geschlagen zu haben – ist ein Besuch der Apotheke und die Inanspruchnahme der mitfühlenden Dame im weißen Kittel hinter dem Ladentisch.

Ich habe mich früher oft gefragt, warum die meisten Apotheken zwischen Bruchbändern und Packungen zur Behandlung von *cellulite* Stühle aufgestellt haben. Heute kenne ich den Grund: Damit man es bequemer hat beim Warten, während Monsieur Machin im Flüsterton und unter beträchtlichem Massieren der entzündeten Kehle, der empfindlichen Niere, des zurück-haltenden Darms oder was immer sonst ihm zu schaffen macht detailreich erläutert, wie es zu diesem schmerzvollen Zustand gekommen ist. Die Apothekerin, in Geduld und im Diagnostizieren geübt, hört aufmerksam zu, stellt ein paar Fragen und schlägt dann eine Reihe von möglichen Behandlungsmitteln vor. Sie holt Tüten, Töpfe und Ampullen herbei. Dann setzt die Diskussion von neuem ein. Schließlich wird eine Entscheidung getroffen, und fürsorglich faltet Monsieur Machin die wichtigen Zettel, bei deren Vorzeigen ihm die Sozialversicherung den größten Teil der Rezeptkosten zurückerstattet. Die ganze Geschichte hat fünfzehn oder auch zwanzig Minuten gedauert. Die Wartenden rücken einen Stuhl auf.

Solche Besuche beim Apotheker sind nur etwas für die gesünderen Invaliden. Bei ernsthaften Erkrankungen – oder auch eingebildeten ernsthaften Leiden – gibt es selbst in relativ abgelegenen Regionen wie der unsrigen ein ganzes Netz von Spezialisten für Erste Hilfe, das Gäste aus Großstädten überrascht, wo man erst Millionär werden muß, bevor man bequem krank sein kann. Alle Städte und viele Dörfer haben Ambulanzen, die täglich vierundzwanzig Stunden Dienst tun; ausgebildete Krankenschwestern machen

Hausbesuche, Ärzte ebenfalls – in London soll diese Praxis nahezu ausgestorben sein.
Im Frühsommer letzten Jahres hatten wir eine kurze, aber intensive erste Erfahrung mit dem französischen Gesundheitswesen. Unser Versuchskaninchen war Benson, ein junger Amerikaner, der Europa zum erstenmal besuchte. Als ich ihn vom Bahnhof in Avignon abholte, begrüßte er mich mit einem Krächzen und hielt sich ein Taschentuch vor den Mund. Ich wollte wissen, was mit ihm los sei.
Er deutete auf seinen Hals und gab keuchende Geräusche von sich.
»Mono«, sagte er.
Mono? Ich hatte keine Ahnung, was das war. Mir war jedoch bekannt, daß Amerikaner unter wesentlich komplizierteren Dingen leiden als wir – statt Prellungen haben sie Hämatome, statt Kopfweh Migräne, sie leiden unter Influenza. Ich murmelte, ein bißchen frische Luft würde ihn gewiß bald gesunden lassen, und half ihm in den Wagen. Wie ich auf der Heimfahrt erfuhr, war Mono der Kosename für Mononucleose – eine Virusinfektion, die unangenehmes Halsweh verursacht. »Wie Glassplitter«, erklärte Benson, der hinter Sonnenbrille und Taschentuch Schutz suchte. »Wir müssen meinen Bruder in Brooklyn anrufen. Er ist Arzt.«
Als wir zu Hause ankamen, war das Telefon kaputt. Da ein langes Wochenende begann, würden wir drei Tage lang ohne Telefon sein; normalerweise ein Segen. Wir mußten jedoch unbedingt in Brooklyn anrufen. Es gab nämlich ein ganz bestimmtes Antibiotikum, das Neueste, das Nonplusultra der Antibiotika, das, wie Benson erklärte, sämtliche bekannten Arten des Mono heilt. Ich fuhr also zur Telefonzelle in Les Baumettes und fütterte den Apparat mit Fünf-Franc-

Stücken, während man im Krankenhaus in Brooklyn Bensons Bruder suchte. Er nannte den Namen der Wunderdroge. Ich rief einen Arzt an und bat um einen Hausbesuch.

Binnen einer Stunde war er da und untersuchte den Kranken, der hinter seiner Sonnenbrille in einem abgedunkelten Zimmer ruhte.

»*Alors, monsieur ...*« hob der Arzt an, doch Benson ließ ihn nicht zu Wort kommen.

»Mono«, sagte er und zeigte auf seinen Hals.

»*Comment?*«

»Mono, Mann. Mononucleose.«

»*Ah, mononucléose. Peut-être, peut-être.*«

Der Arzt sah sich Bensons entzündeten Hals an und machte einen Abstrich. Er wollte den Virus einem Labortest unterziehen. Würde Monsieur jetzt bitte die Hosen herunterlassen? Er nahm eine Spritze in die Hand, die Benson mit einem Blick über die Schulter mißtrauisch beäugte, während er seine Calvin-Klein-Jeans langsam auf halbmast zog.

»Sagen Sie ihm, ich reagiere auf die meisten Antibiotika allergisch. Er soll meinen Bruder in Brooklyn anrufen.«

»*Comment?*«

Ich erläuterte das Problem. Ob der Herr Doktor die Wunderdroge zufällig in seiner Arzttasche bei sich habe? *Non.* Wir warfen uns, um Bensons Hintern herum, einen Blick zu. Der Hintern zuckte, als Benson schmerzhaft hustete. Der Arzt erklärte, er müsse dem Patienten gegen die Entzündung etwas verabreichen; Nebenwirkungen seien bei diesem Impfstoff extrem selten. Ich übersetzte.

»Na schön ... okay.« Benson bückte sich. Der Arzt impfte mit Schwung, wie ein Matador, der in hohem Bogen über die Hörner eine Stiers segelt.

»Voilà!«
Während Benson auf allergische Körperreaktionen wartete, die ihn in die Knie zwingen würden, informierte mich der Arzt, er würde für weitere Spritzen zweimal täglich eine Krankenschwester vorbeischicken. Mit den Laborergebnissen rechne er am Samstag, danach würde er die erforderlichen Verschreibungen sofort vornehmen. Er wünschte uns eine *bonne soirée.* Benson kommunizierte lauthals mit dem Taschentuch. Eine *bonne soirée* hielt ich für eher unwahrscheinlich.
Die Krankenschwester kam und ging, die Laborergebnisse trafen ein, und am Samstag abend erschien, wie versprochen, wieder der Arzt. Der junge Monsieur hatte recht gehabt. Es war *mononucléose,* die wir jedoch mit allen verfügbaren Mitteln französischer Medizin kurieren würden. Der Arzt begann zu kritzeln wie ein Poet unter Hochdruck. Aus seiner Feder floß ein Rezept nach dem anderen; es schien ganz so, als ob er sämtliche verfügbaren Arzneien zum Generalangriff forderte. Er reichte mir einen Stapel Rezepte mit Hieroglyphen und wünschte uns ein *bon weekend.* Auch das war unwahrscheinlich.
Der Sonntag eines langen Wochenendes ist nicht eben die beste Zeit, um auf dem französischen Land eine geöffnete Apotheke zu finden. Die einzige meilenweit war die *pharmacie de garde* am Stadtrand von Cavaillon. Ich kam um acht Uhr dreißig dort an, fast gleichzeitig mit einem Mann, der ein Bündel von Rezeptscheinen umklammerte, das fast so dick war wie meins. Gemeinsam lasen wir den Zettel, der an die Glasscheibe der Tür geklebt war: vor zehn Uhr wurde nicht geöffnet.
Der Mann seufzte und musterte mich von Kopf bis Fuß.

»Sind Sie ein Notfall?«

Nein. Ich war nur für einen Freund hier.

Er nickte. Er hatte eine starke *arthrose* in der Schulter und außerdem irgendeinen bösartigen Pilz am Fuß. Er würde auf keinen Fall eineinhalb Stunden lang in der Sonne stehen, bis die Apotheke öffnete. Er ließ sich neben der Tür auf dem Bürgersteig nieder und vertiefte sich in das erste Kapitel seiner Rezeptur. Ich beschloß, frühstücken zu gehen.

»Kommen Sie rechtzeitig zurück«, riet er mir. »Heute kommen viele Leute.«

Wie konnte er das wissen? War ein Sonntagsbesuch der Apotheke vor dem Mittagessen hier etwa gang und gäbe? Ich dankte und ignorierte den Rat: Ich vertrieb mir die Zeit in einem Café mit der Lektüre einer alten Ausgabe von *Le Provençal.*

Als ich kurz vor zehn Uhr zur Apotheke zurückkehrte, schien sich *le tout Cavaillon* vor dem Eingang versammelt zu haben. Da standen Dutzende von Menschen mit ihren umfangreichen Verschreibungen und tauschten Symptome aus wie Angler, die einen Preisfisch beschreiben. Monsieur *Angine* prahlte mit seinem heiseren Hals. Madame *Varices* revanchierte sich mit ihrer Krampfadergeschichte. Die Hinkenden und Gelähmten plauderten fröhlich drauflos, schauten zwischendurch immer wieder mal auf die Uhr und drängten noch ein Stückchen näher zur nach wie vor verschlossenen Tür. Doch endlich – ein Murmeln, *enfin* und *elle arrive* – erschien ein Mädchen aus der hinteren Apotheke, schloß auf und wich geschickt zur Seite, als die Herde ins Innere stampfte. Mir fiel nicht zum erstenmal auf, daß die angelsächsische Gewohnheit eines geordneten Anstehens in Frankreich unbeliebt ist. Ich mußte wohl eine halbe Stunde warten, bis ich eine

Lücke im Gedränge nutzen konnte, um der Apothekerin meine Papiere zu reichen. Sie nahm eine Plastiktasche, die sie mit Schachteln und Flaschen zu füllen begann, und stempelte jedes Rezept ab – das Original für mich, eine Kopie für sich –, während sie sich durch den Stapel arbeitete. Die Tasche drohte bereits zu platzen; ein Rezept stand noch aus. Die Apothekerin verschwand und kam nach fünf Minuten mit leeren Händen zurück. Was immer es sein mochte – es war leider nicht vorrätig: Ich müßte es mir bei einer anderen Apotheke besorgen, das sei allerdings kein Problem, die wesentlichen Medikamente befänden sich in der Tasche – genug, wie mir schien, um ein ganzes Regiment von den Toten zu erwecken.

Benson lutschte und gurgelte und inhalierte sich durch das Menü. Am nächsten Morgen trat er aus dem Schatten des Grabes und fühlte sich hinreichend wiederhergestellt, um uns auf der Suche nach der letzten, noch fehlenden Medizin zur Apotheke in Ménerbes zu begleiten.

Drinnen saß bei unserer Ankunft einer der Dorfältesten wartend auf einem Hocker, bis seine Einkaufstasche mit Heilmitteln vollgestopft war. Da er neugierig war, unter was für exotischen Gebrechen die Ausländer litten, blieb er sitzen, als unser Rezept bearbeitet wurde, und beugte sich vor, um zu sehen, was die Schachtel enthielt, die dann auf die Theke gelegt wurde.

Die Apothekerin machte die Schachtel auf und nahm einen in Folienpapier eingewickelten Gegenstand von der Größe einer Alka-Seltzer-Schachtel heraus, den sie Benson überreichte.

»*Deux fois par jour*«, sagte sie.

Benson schüttelte den Kopf und legte die Hand auf den Hals.

»Zu groß«, sagte er. »So was Großes krieg ich nicht hinunter.«
Wir übersetzten der Apothekerin seine Bedenken. Bevor sie antworten konnte, bekam der Alte einen Lachkrampf, so daß er auf seinem Hocker gefährlich ins Schaukeln geriet. Er wischte sich mit dem Rücken seiner verknoteten Hand die Augen.
Die Apothekerin setzte ein freundliches Lächeln auf und machte behutsame Gesten, mit denen sie das Objekt in der Folie sanft nach oben schob. *»C'est un suppositoire.«*
Benson war verwirrt. Der Alte, der immer noch lachte, sprang vom Hocker und nahm das Zäpfchen in die Hand.
»Regardez«, sagte er zu Benson. *»On fait comme ça.«*
Er trat ein paar Schritte von der Theke weg, um Platz zu haben, bückte sich, hielt das Zäpfchen über den Kopf und führte es mit einer fließenden Rückwärtsbewegung des Arms fest und bestimmt ans Gesäß. *»Tok!«* sagte der Alte und sah Benson an. *»Vous voyez?«*
»In den *Arsch?*« Benson schüttelte erneut den Kopf. »He, ist das komisch. Großer Gott!« Er setzte die Sonnenbrille auf und wich zurück. »Bei uns daheim macht man das nicht.«
Wir versuchten es ihm zu erklären: Es handele sich um eine äußerst wirksame Methode, Arznei in den Blutkreislauf zu bringen. Er war nicht zu überzeugen. Und als wir drauf hinwiesen, *davon* würde er wenigstens kein Halsweh bekommen, fand er uns gar nicht lustig. Ich habe mich oft gefragt, was er seinem Bruder in Brooklyn wohl erzählt hat.
Kurz darauf begegnete ich auf einem Spaziergang im Wald unserem Nachbarn Massot, dem ich vom Vorfall mit dem Zäpfchen berichtete. Er fand das sehr komisch, wußte aber von einer Begebenheit, die wirklich *dramatique* gewesen sei

und alles in den Schatten stelle – die Geschichte von einem alten Mann, der wegen seines Blinddarms ins Krankenhaus gebracht wurde und ohne sein linkes Bein wieder aufwachte. Amputiert. *Beh oui.*

Das sei ganz bestimmt keine wahre Geschichte, warf ich ein. Massot hielt an ihr fest.

»Wenn ich einmal krank werden sollte«, sagte er, »dann geh ich zum Veterinär. Ärzten trau ich nicht.«

Glücklicherweise ist Massots Meinung über die französische Medizin so realitätsfern wie die meisten seiner Ansichten. Vielleicht gibt es in der Provence Ärzte mit einer Schwäche fürs Amputieren; wir haben von keinem gehört. Abgesehen vom Fall der Mononucleose, haben wir überhaupt nur ein einziges Mal mit dem Arzt zu tun gehabt, und da handelte es sich um einen Anfall von Bürokratie.

Es war der Höhepunkt eines monatelangen Hin und Hers von Papieren, die wir benötigten, um unsere *cartes de séjour* zu bekommen – die Ausweispapiere für in Frankreich ansässige Ausländer. Wir waren auf der *mairie* gewesen, der *préfecture,* dem *bureau des impôts* und noch einmal auf der *mairie.* Wir mußten jedesmal erfahren, daß ein zusätzliches Formular erforderlich sei, welches, *naturellement,* nur bei einer anderen Behörde erhältlich war. Als wir am Ende überzeugt waren von der Vollständigkeit unserer Dossiers mit Urkunden, Bescheinigungen, Erklärungen, Fotos und einschlägigen Statistiken, machten wir uns auf den Weg zum, wie wir meinten, letzten, siegreichen Besuch der *mairie.*

Die Dossiers wurden überprüft. Da schien alles ganz in Ordnung. Wir würden dem Staat nicht zur Last fallen. Wir waren nicht vorbestraft. Wir würden französischen Arbeitern keine Arbeit wegnehmen. *Bon.* Die Dossiers wurden zugeklappt. Nun hatten wir endlich den offiziellen Wohnsitz in Frankreich.

Die Sekretärin der *mairie* lächelte, schob uns zwei neue Formulare zu und erklärte: Wir müßten uns ärztlich untersuchen lassen und den Nachweis erbringen, daß wir an Körper und Seele gesund seien. Docteur Fenelon in Bonnieux sei gern bereit, uns zu untersuchen. Ab nach Bonnieux.

Docteur Fenelon war freundlich und prompt, röntgte uns und ging mit uns zusammen das Kleingedruckte eines kurzen Fragebogens durch. Ob wir verrückt seien? Nein. Epileptiker? Nein. Drogensüchtig? Alkoholiker? Mit Neigung zu Ohnmachtsanfällen? Ich rechnete schon mit einem Verhör über unser Verdauungssystem – vielleicht aus Sorge, daß wir den verstopften Bevölkerungsanteil in Frankreich erhöhen könnten –, das schien die Einwanderungsbehörden dann aber doch nicht zu interessieren. Wir unterzeichneten die Formulare. Docteur Fenelon unterschrieb und öffnete eine Schublade, der er zwei weitere Formulare entnahm.

Er war verlegen. »*Bien sûr, vous n'avez pas le problème, mais ...*« Er zuckte die Achseln und erklärte, wir müßten mit den Formularen zu einer Blutuntersuchung nach Cavaillon, ehe er uns unsere *certificats sanitaires* aushändigen könne.

Ob wir auf etwas Bestimmtes hin untersucht würden?

»*Ah, oui.*« Er wurde noch verlegener. »*La syphilis.*«

Der englische *Écrevisse*

Schriftsteller führen ein Hundeleben, aber es ist das einzige Leben, das sich lohnt.« So sah es Flaubert, und es ist eine recht gute Umschreibung dessen, was man empfindet, wenn man beschlossen hat, den Arbeitstag damit zu verbringen, Wörter auf Papier zu schreiben.

Die meiste Zeit ist es eine einsame, monotone Tätigkeit. Gelegentlich wird man mit einem guten Satz belohnt – oder, besser, mit dem, was man selbst für einen guten Satz hält; es sagt einem ja keiner. Es gibt lange unproduktive Phasen, die einen verleiten, darüber nachzudenken, ob man nicht doch besser einer regelmäßigen und nützlichen Beschäftigung nachginge – etwa als Buchhalter. Man wird ständig von Zweifeln geplagt, ob überhaupt jemand lesen will, was man da schreibt; von Panikgefühlen, Termine nicht einhalten zu können, die man sich selber gesetzt hat; von der demütigenden Erkenntnis, daß solche Termine der übrigen Menschheit völlig gleichgültig sind. Ob tausend Wörter am Tag oder keines – das ist für niemanden (außer einem selbst) von Bedeutung. Der Teil des Lebens als Schriftsteller ist ganz zweifellos ein Hundeleben.

Was das Ganze lebenswert macht, ist der Schock des Glücksmoments angesichts der Entdeckung, daß man Menschen, denen man nie begegnet ist, ein paar Stunden Entspannung und Unterhaltung geschenkt hat. Und falls solche Menschen einem das sogar schreiben, bedeutet das Eintreffen solcher Briefe Applaus. Es macht die ganze Schinderei wieder wett. Man legt den Gedanken an eine Karriere als Buchhalter neuerlich ad acta und stellt erste Überlegungen zu einem neuen Buch an.

Der erste Brief erreichte mich kurz nach der Publikation meines Buchs *Mein Jahr in der Provence* im April. Er kam aus Luxemburg, ein höflicher Brief voller Komplimente, und ich habe ihn mir an dem Tag immer wieder angesehen. In der folgenden Woche erkundigte sich ein zweiter Briefschreiber, wie man in Neuseeland Trüffel anbauen kann. Dann tröpfelten Briefe herein aus London, aus Beijing, aus Queensland, von Ihrer Majestät Gefängnisanstalt in Wormwood Scrubs, von der englischen Kolonie an der Riviera, aus abgelegenen Teilen der Grafschaft Wiltshire und dem Hügelland Surreys – einige auf feinstem Briefpapier mit einer noblen, geprägten Adresse, andere auf Blättern, die aus Kladden herausgerissen worden waren, einer auf der Rückseite eines Streckenplans der Londoner U-Bahn. Sie waren oft so ungenau adressiert, daß die Post Wunder an detektivischer Arbeit geleistet haben mußte. Ein Brief an »*Les Anglais,* Bonnieux« kam an, obwohl wir nicht in Bonnieux wohnen. Mich hat auch ein Brief mit folgender Adresse erreicht: »*L'Écrevisse Anglais,* Ménerbes, Provence.« Dieser Umschlag ist mir von allen der liebste.

Es waren freundliche und ermutigende Briefe, die ich, wenn die Absender ihre Anschrift angaben, auch beantwortete, in der Annahme, das sei das Ende vom Lied. Oft war dem aber nicht so. Es dauerte gar nicht lang, und wir fanden uns in der Rolle von Beratern vor Ort wieder, die über alle Aspekte des Lebens in der Provence Auskunft gaben – vom Häuserkauf bis zum Finden eines Babysitters. Eine Frau aus Memphis in den Vereinigten Staaten rief an, um sich nach der Einbruchsrate im Vaucluse zu erkundigen. Ein Fotograf aus der englischen Grafschaft Essex wollte wissen, ob er mit Aufnahmen vom Lubéron seinen Lebensunterhalt verdienen könnte. Ehepaare, die überlegten, ob sie sich in der Provence niederlassen sollten, stellten seitenlang Fragen. Würden ihre Kinder ohne Probleme die Schulen am Ort besuchen können? Wie hoch die Lebenskosten seien? Wie stand es mit Ärzten? Mit der Einkommensteuer? Ob es einsam sei? Ob sie hier wohl glücklich werden würden?

Wir antworteten nach bestem Wissen und Gewissen, empfanden es aber doch als leicht beunruhigend, in persönliche Entscheidungen von Menschen hineingezogen zu werden, die uns völlig fremd waren.

Mit dem Sommer kam an Stelle der Post im Briefkasten etwas anderes: Briefschreiber wurden zu Menschen, die plötzlich leibhaftig in unserer Einfahrt standen.

Es war ein heißer, trockener Tag, und ich befreite die steinharte Erde gerade auf provenzalische Art mit der Spitzhacke von Unkraut, da fuhr ein Wagen vor, der Fahrer stieg mit einem breitem Lächeln aus und wedelte mit meinem Buch.

»Hab Sie aufgespürt!« sagte er. »Hab im Dorf ein bißchen Detektiv spielen müssen. War aber kein Problem.«

Ich signierte das Buch und fühlte mich wie ein richtiger Schriftsteller. Als meine Frau aus Cavaillon zurückkehrte, war sie beeindruckt. »Ein Fan! Warum hast du kein Foto von ihm gemacht? Erstaunlich! Daß sich jemand *die* Mühe macht!«

Als wir ein paar Tage später zum Abendessen ausgehen

wollten und hinter der Zypresse im Vorgarten eine hübsche Blondine lauerte, war sie nicht beeindruckt.

»Sind Sie's?« fragte die Blondine.

»Ja«, antwortete meine Frau. »Was für ein Pech! Wir gehen gerade aus.«

»Sie hätte ein Fan von mir sein können«, sagte ich später zu meiner Frau.

»So ein Fan kann mir gestohlen bleiben«, sagte meine Frau. »Und laß das selbstzufriedene Grinsen!«

Im Juli und August gewöhnten wir uns an unbekannte Gesichter vor der Haustür. Die meisten waren wohlerzogen, entschuldigten sich, wollten nur ein signiertes Exemplar meines Buches und waren dankbar, wenn sie bei einem Glas Wein ein paar Minuten im schattigen Hof sitzen durften. Der große Steintisch, den wir mit so großer Mühe am Ende doch hatten aufstellen können, schien alle zu faszinieren.

»*Das* ist also der Tisch«, hieß es dann wohl, und sie liefen um ihn herum und ließen die Finger über die Platte gleiten, als wäre er ein großes Meisterwerk von Henry Moore. Es war ein merkwürdiges Gefühl, uns, unsere Hunde (die es genossen) und unser Haus mit so großem Interesse bestaunt zu sehen. Es war aber unvermeidlich, daß gelegentlich Besuch kam, der eher wie eine Invasion wirkte und uns gar nicht merkwürdig schien, sondern schlicht irritierte.

Eines Nachmittags war die Temperatur auf über dreißig Grad angestiegen, als, von uns unbemerkt, Ehemann und Ehefrau nebst einer Freundin der Gattin mit farblich genauestens aufeinander abgestimmten sonnenverbrannten knallroten Nasen und Knien am Ende unserer Einfahrt parkten und zum Haus herüberkamen. Unsere schlafenden Hunde hatten nichts gehört. Als ich ein Bier aus dem Haus holen wollte, fand ich sie im Wohnzimmer vor, wo sie sich munter über die Bücher in den Regalen und die Möbel unterhielten. Ich war sprachlos. Sie nicht.

»Da sind Sie ja«, sagte der Mann. »Wir haben Teile Ihres Buchs im Vorabdruck der *Sunday Times* gelesen und wollten nur mal vorbeischauen.«

Das war alles. Keine Entschuldigung, keinerlei Anzeichen von Verlegenheit, kein Gedanke daran, daß *ich* von dem Besuch möglicherweise nicht begeistert sein könnte. Sie hatten noch nicht einmal mein Buch gekauft: Wollten warten, bis die Taschenbuchausgabe herauskäme; gebundene Bücher seien heute so teuer. Sie strahlten eine besonders unglückliche Mischung von Anbiederung und Herablassung aus.

Es kommt selten vor, daß ich beim ersten Anblick etwas gegen Menschen habe. Aber gegen die hatte ich was. Ich forderte sie auf, das Haus zu verlassen.

Die roten Flechten des Mannes wurden noch röter. Er plusterte sich auf wie ein beleidigter Truthahn, der gerade die schlechte Nachricht vom Weihnachtsfest erfahren hat.

»Aber wir sind den ganzen Weg von Saint-Rémy hierhergekommen.« Ich bat ihn, den ganzen Weg sofort wieder zurückzufahren, und sie verschwanden mit finsterem Murmeln: *Das* Buch kaufen wir uns bestimmt nicht, wir wollten doch nur mal *schauen*, der tut ja, als ob er im Buckingham-Palast wohnt. Ich folgte ihnen, bis sie, mit vor Empörung steifen Schultern, ihren Volvo erreichten, und überlegte, ob ich mir einen Rottweiler anschaffen sollte.

Nach dieser Erfahrung löste der Anblick eines Autos, das die Fahrt verlangsamte und dann auf der Straße vor dem Haus stehenblieb, bei uns jedesmal den sogenannten »Kriechalarm« aus. »Mach dich zurecht«, sagte meine Frau, »da kommt jemand die Einfahrt hoch, wie mir scheint. Nein – sie haben beim Briefkasten haltgemacht.« Als ich später die Post aus dem Briefkasten holte, fand ich in einer Plastiktüte ein Exemplar meines Buchs mit der Bitte, es zu signieren und unter einen Stein auf den Brunnen zu legen. Am nächsten Tag war es fort; ich hoffte nur, daß es die rücksichtsvollen Menschen mitgenommen hatten, die uns nicht stören wollten, als sie es brachten.

Bei Sommerende waren wir nicht die einzigen gewesen, die eine gewisse öffentliche Beachtung gefunden hatten. Auch unser Nachbar Faustin war um ein signiertes Exemplar gebeten worden, was ihn überraschte: Er sei doch kein *écrivang*. Als ich ihm erzählte, daß die Leute in England über ihn gelesen hätten, nahm er die Mütze ab, strich sich das Haar glatt, sagte zweimal *Ah bon?* und klang recht zufrieden. Auch Maurice, der *Chef*, hatte signieren müssen und erklärte, in seinem Restaurant noch nie so viele englische Gäste gehabt zu haben. Einige seien ganz erstaunt gewesen, daß er tatsächlich existierte; sie hätten angenommen, er sei eine Erfindung von mir. Andere seien mit einem Buch in der Hand gekommen und hätten ihr Menü einschließlich des Glases *marc* zum Schluß gemäß Lektüre bestellt.

Und da gab es den berühmten Klempner Monsieur Menicucci, der zwischen seinen *œuvres* manchmal vorbeischaut, um uns seine Ansichten über Politik, wilde Pilze, Anomalitäten des Klimas, die Chancen der französischen Rugby-Mannschaft, das Genie Mozarts und aufregende neue Entwicklungen im Bereich sanitärer Anlagen mitzuteilen. Ich überreichte ihm ein Buch und zeigte ihm die Stellen, wo *er* der Star war; einige Gäste hätten den Wunsch geäußert, sagte ich, ihn kennenzulernen.

Er zog seine Wollmütze und den Kragen seines alten karierten Hemdes zurecht. »*C'est vrai?*«
Doch, erwiderte ich. Absolut wahr. Sein Name hätte sogar in der *Sunday Times* gestanden. Ob ich für ihn eine Signierstunde organisieren solle?
»*Ah, Monsieur Peter, vous rigolez.*« Ich merkte aber, daß der Gedanke ihm keinesfalls mißfiel, und beim Fortgehen hielt er sein Buch so vorsichtig, als ob er ein zerbrechliches, teures Bidet in Händen hielte.

Die fröhliche, näselnde Stimme am anderen Ende der Leitung hätte von weit, weit her, aus Sydney kommen können.
»Tag. Hier Wally Storer vom englischen Bookshop in Cannes. 'ne Menge Briten in der Gegend, Ihr Buch geht prima. Wie wär's, wenn Sie mal rüberkämen und während der Filmfestspiele ein paar Exemplare signierten?«
Am literarischen Interesse der Filmleute habe ich schon immer Zweifel gehabt. Ein alter Freund, der in Hollywood arbeitet, hat mir einmal gestanden, er läse alle sechs Jahre ein Buch – und der galt dort fast als Intellektueller. Wenn man in Bel Air Rimbaud erwähnt, glauben sie, man spräche von Sylvester Stallone. Ich machte mir keine großen Hoffnungen – weder daß in Cannes viele Bücher verkauft werden würden, noch daß ich dort vom Signieren einen Schreibkrampf bekäme. Aber vielleicht machte es trotzdem Spaß. Vielleicht sähe ich einen Filmstar oder auf der Croisette eine Oben-ohne-Sensation oder – die größte Seltenheit in der Stadt – auf der Terrasse des Carlton-Hotels einen freundlich lächelnden Ober. Ich habe zugesagt.
Es war heiß und sonnig, Schlechtwetter für Buchhändler, als ich mich in den Schleichverkehr stadteinwärts einreihte. An

den Straßenlampen gaben grelle neue Schilder bekannt, daß Cannes und Beverly Hills Partnerstädte waren, und ich konnte mir die endlosen Ausflüchte vorstellen, mit denen die beiden Bürgermeister im gemeinsamen Interesse an kostenlosem Urlaub Gegenbesuche zur Festigung der Freundschaft zwischen ihren Städten arrangierten.

Vor dem Palais des Festivals ging offenbar die gesamte Polizeitruppe von Cannes mit Revolvern, Walkie-talkies und Sonnenbrillen ihrer Aufgabe nach, serienweise Verkehrsstaus auszulösen und eine Entführung Clint Eastwoods zu verhindern. Mit einer Geschicklichkeit, die jahrelange Übung verriet, lenkten sie Autos in Verkehrsstockungen und pfiffen die Fahrer wütend zurecht, nur um sie gleich darauf mit einem irritierten Zurückwerfen des Kopfes ins nächste chaotische Verkehrsknäuel zu dirigieren.

Ich brauchte für fünfzig Meter ganze zehn Minuten. Als ich die Tiefgarage endlich erreichte, fiel mir an der Mauer das Gekritzel eines früheren Opfers auf: »Cannes lohnt einen Besuch, aber ich würde den Tag nicht gern hier verbringen.«

Ich lief zu einem Café an der Croisette, um dort zu frühstükken und – wie alle Gäste – nach Filmstars Ausschau zu halten. Nie haben so viele einander Unbekannte sich so aufmerksam gemustert. Alle Mädchen hatten einen Schmollmund und gaben sich angestrengte Mühe, gelangweilt zu wirken. Alle Männer hatten die Programme mit den Vorführungsterminen der Filme für den Tag und machten sich am Rand wichtige Notizen. Mit auffälliger Nonchalance wurde hier und da ein schnurloses Telefon neben die Croissants plaziert. Alle trugen die Plastikschildchen der Festival-Delegierten so, daß sie nicht übersehen wurden, und die obligate Festival-

Tragetasche mit dem Aufdruck *Le Film Français/Cannes 90*. Einen Hinweis auf *Le Film Américain* oder *Le Film Anglais* gab es nicht; bei solchen Anlässen gehört es wohl zu den Vorteilen des Gastgeberlandes, über den Aufdruck der Tragetaschen entscheiden zu dürfen.

Die Croisette war mit einem ganzen Wald von Postern bepflanzt: Sie verkündeten die Namen der Schauspieler, Regisseure, Produzenten und vermutlich auch die der zuständigen Friseure. Sie waren den großen Hotels gegenüber postiert, sicherlich zu dem Zweck, daß der betreffende Held vor dem üblichen Frühstück mit Eiern und Speck vom Fenster seines Schlafzimmers aus allmorgendlich seinen Namen lesen konnte. Die Luft roch nach großen Aktivitäten, großen Abschlüssen und großem Geld; da hatten die Grüppchen der Prostituierten auf der Croisette einfach kein Auge mehr für den alten Bettler, der mit einer einzigen 20-Centime-Münze im umgedrehten, verbeulten Hut auf dem Bürgersteig vor dem Hotel Majestic saß.

Durch meine Dosis Glamour gestärkt, überließ ich die Filmleute ihren Geschäften und machte mich durch die enge Rue Bivouac-Napoléon auf den Weg zum englischen Bookshop. Ich stellte mich darauf ein, mit einem komischen Gefühl wie in einem Schaufenster zu sitzen und hoffnungsvoll darauf zu warten, daß jemand – irgendwer – mich bitten würde, ein Buch zu signieren. Ich hatte die eine oder andere Signierstunde hinter mir. Es waren entnervende Anlässe gewesen, bei denen mich Menschen, die sich nicht mal in Rufnähe wagten, aus einer sicheren Entfernung angestarrt hatten. Möglicherweise hatten sie mich für bissig gehalten. Sie wußten ja nicht, wie erleichtert ein Schriftsteller ist, wenn sich ein mutiger Mensch seinem Tisch nähert. Man ist nach einigen Minuten

des Für-sich-allein-Sitzens bereit, nach jedem Strohhalm zu greifen und alles zu signieren – von Büchern und Fotos bis zu alten Nummern des *Nice-Matin* und Schecks.
Wally Storer und seine Frau hatten, Gott sei Dank, derartige Autorenängste geahnt und die Buchhandlung mit Freunden und Kunden gefüllt. Ich weiß nicht, mit welchen Versprechungen sie diese Leute vom Strand gelockt hatten; ich war dankbar, beschäftigt zu sein, und wünschte sogar, Monsieur Menicucci mitgebracht zu haben. Fragen, warum Abwasserleitungen in Frankreich so und nicht anders funktionieren und riechen, hätte er viel besser beantworten können – solche Dinge waren jedoch, wie sich zeigte, unter hiesigen Auslandsengländern ein Thema von allgemeinem Interesse. Ist es nicht seltsam, sagen sie, daß die Franzosen sich ganz ausgezeichnet auf hochtechnologische Produkte wie TGV-Züge und elektronische Telefonsysteme und die Concorde verstehen und im Badezimmer dann wieder ins 18. Jahrhundert zurückfallen? Vor ein paar Tagen erst, so erzählte mir eine ältere Dame, hätte sie die Toilettenspülung betätigt, und dabei wären Reste von einem gemischten Salat in der Toilettenschüssel aufgetaucht. Das sei wirklich arg. So etwas könne einem in Cheltenham nicht passieren.
Die Signierstunde war zu Ende. Wir gingen in eine Bar um die Ecke. Es gab dort mehr Amerikaner und Engländer als Einheimische, aber in Cannes sind Einheimische sowieso eine Seltenheit. Man hat mir berichtet, daß sogar viele Polizisten Importe aus Korsika sind.
Als ich mich auf den Heimweg machte, patrouillierten sie immer noch die Croisette auf und ab. Sie spielten mit dem Verkehr und beäugten die Mädchen, die in unterschiedlichem Grad von Bekleidungsfreiheit vorbeiflanierten. Der alte

Bettler vor dem Hotel Majestic hielt die Stellung noch immer, ein 20-Centime-Stück war immer noch mutterseelenallein. Ich ließ ein paar Münzen in seinen Hut fallen, und er wünschte mir einen schönen Tag – auf Englisch. Ich fragte mich, ob er wohl für Beverly Hills übte.

clancy

Boy

Zum erstenmal sah ihn meine Frau auf der Straße nach Ménerbes. Er lief neben einem Mann her, dessen ordentliche, saubere Kleider einen scharfen Kontrast bildeten zu seinem unansehnlichen Erscheinungsbild: Ihm hing ein dreckiges Fell über den Knochen. Und doch – trotz seines verfilzten Pelzes und seinem Kopf mit verkletteten Haaren war ihr klar, daß der Hund einer Frankreich eigentümlichen Rasse angehörte, einer Spezies des rauhhaarigen Vorstehhunds mit dem offiziellen Namen Griffon Korthals. Unter dem schäbigen Äußeren steckte ein *chien de race.*

Einer unserer beiden Hunde war ein Korthals; man sieht sie jedoch nicht häufig in der Provence, und deshalb hielt meine Frau an, um seinen Besitzer anzusprechen. Welch ein Zufall, sagte sie, sie hätte einen Hund von der gleichen seltenen Rasse.

Der Mann schaute auf den Hund herunter, der die Pause nutzte, um ein Staubbad zu nehmen, und trat zurück, um sich von dem Knäuel aus Beinen und Ohren zu distanzieren, das sich im Straßengraben wälzte.

»*Madame*«, sagte der Mann, »er begleitet mich zwar, aber mein Hund ist das nicht. Wir sind uns auf der Straße begegnet. Ich weiß nicht, wem er gehört.«

Als meine Frau vom Dorf zurückkam und von dem Hund berichtete, hätte ich die Probleme kommen sehen müssen.

Für sie haben Hunde die gleiche Bedeutung, die andere Frauen Nerzmänteln beimessen; sie hätte gern ein ganzes Haus voller Hunde gehabt. Zwei hatten wir schon. Ich meinte, das sei genug. Sie gab mir recht – allerdings ohne Überzeugung. In den nächsten Tagen fiel mir auf, wie oft sie mit einem hoffnungsvollen Blick die Straße hinunterschaute; sie fragte sich vermutlich, ob die Erscheinung nicht vielleicht noch in der Nachbarschaft weilte.

Das wäre wahrscheinlich das Ende der Geschichte gewesen, wenn nicht ein Freund aus dem Dorf angerufen hätte, daß ein Hund – er sähe übrigens genauso aus wie die eine Hündin von uns – täglich vor der *épicerie* läge, weil ihn der Geruch von Schinken und hausgemachten *pâtés* locke. Nachts sei er fort. Niemand im Dorf wisse, wer der Besitzer sei. Womöglich hätte er seinen Herrn verloren.

Meine Frau hatte eine *crise de chien.* Sie hatte in Erfahrung gebracht, daß verlorengegangene oder ausgesetzte Hunde bei der *Société Protectrice des Animaux* (also dem französischen Tierschutzverein) nur bis zu einer Woche versorgt werden. Wenn niemand Anspruch auf sie erhebt, werden sie eingeschläfert. Wie könnten wir einen Hund solch einem Schicksal überlassen, geschweige denn ein edles Tier mit unstrittigem Stammbaum?

Ich rief bei der SPA an. Dort war er nicht. Unter dem Vorwand, Brot kaufen zu wollen, begann meine Frau Tag für Tag mehrere Stunden ins Dorf zu fahren. Aber der Hund war nicht mehr da. Als ich zu bedenken gab, er sei eventuell wieder nach Hause gelaufen, sah meine Frau mich an, mit einem Blick, als hätte ich ihr empfohlen, fürs Abendessen ein Baby zu grillen. Ich rief wieder bei der SPA an.

Zwei Wochen vergingen; kein Zeichen vom Hund. Meine

Frau litt. Dem Menschen bei der SPA begannen unsere täglichen Anrufe auf die Nerven zu gehen. Und dann hatte unser V-Mann in der *épicerie* Konkretes zu melden: Der Hund lebte im Wald, vor dem Haus einer seiner Kundinnen, die ihm Reste zu fressen gab; nachts durfte er auf der Terrasse schlafen.

Selten habe ich eine Frau so rasch aktiv werden gesehen. Binnen einer halben Stunde war sie mit dem Wagen zurück; sie parkte in der Einfahrt; ihr Lächeln war sogar aus einer Entfernung von fünfzig Metern unübersehbar. Neben ihr im Auto – der riesige, struppige Kopf des Mitfahrers. Beim Aussteigen strahlte sie immer noch.

»Er muß ja umkommen vor Hunger«, rief sie. »Hätte er sonst seinen Sicherheitsgurt gefressen? Ist er nicht wundervoll?«

Sie lockte den Hund von dem Sitz. Und da stand er nun und wedelte von Kopf bis Fuß. Er sah schrecklich aus – ein ungepflegtes Pelzknäuel von der Größe eines Schäferhunds, mit einem verfilzten Fell, in dem Zweige und Laub hingen; die Knochen standen hervor, und aus dem Gestrüpp seines Schnurrbarts ragte eine immense braune Nase heraus. Er hob das linke Bein gegen das Auto und kratzte dann mit den Pfoten den Kies weg, bevor er sich mit ausgestreckten Hinterbeinen auf den Bauch legte. Die hechelnde rosarote Zunge mit Flecken von Teilchen des Sicherheitsgurts hing ihm aus dem Maul.

»Ist er nicht wundervoll?« wiederholte meine Frau.

Ich hielt ihm meine Hand hin. Er erhob sich, nahm mein Armgelenk zwischen die Zähne und begann mich in den Hof zu zerren. Er hatte ein beeindruckendes Gebiß.

»Da siehst du's. Er mag dich.«

Ich fragte, ob wir ihm etwas zu essen anbieten könnten, und

entzog ihm die Hand. Nach drei Maulvoll war eine große Schüssel Hundefutter leer; er trank geräuschvoll aus einem Wassereimer und wischte sich die Barthaare ab, indem er sich im Grase wälzte. Unsere zwei Hündinnen wußten nicht so recht, was sie von ihm halten sollten. Mir ging es nicht anders.

»Der arme Kerl«, sagte meine Frau. »Wir müssen ihn dem Tierarzt zum Scheren bringen.«

Es gibt in jeder Ehe Augenblicke, in denen Argumentieren sinnlos ist. Ich vereinbarte also für den Nachmittag einen Termin mit Madame Hélène, *toilettage de chiens;* in seinem jetzigen Zustand würde kein Tierarzt ihn auch nur anfassen. Hoffentlich kannte sich Madame Hélène mit den Problemen der Haarpflege von Landhunden aus.

Sie verhielt sich – nach dem ersten Schrecken – sehr tapfer. Ihr anderer Kunde, ein aprikosenfarbener Minipudel, suchte jaulend hinter dem Zeitschriftenständer Schutz.

»Es wäre vielleicht am besten«, meinte Madame Hélène, »wenn ich mich zuerst um ihn kümmern würde. Er ist ungemein stark parfümiert, *n'est-ce pas?* Wo ist er bloß gewesen?«

»Ich glaube, im Wald.«

»Mmm.« Madame Hélène rümpfte ihre Nase und zog sich ein Paar Gummihandschuhe an. »Könnten Sie in einer Stunde wiederkommen?«

Ich kaufte ein Flohhalsband und trank ein Bier im Café in Robion, wo ich mich an den Gedanken eines Haushalts mit drei Hunden zu gewöhnen suchte. Es war natürlich immer noch möglich, daß der frühere Besitzer gefunden wurde – dann hätte ich nur zwei Hunde und eine verzweifelte Frau. Aber ich hatte in diesem Fall nicht die Wahl. Falls es einen

Schutzengel für Hunde gäbe, so läge die Entscheidung bei ihm. Ich hoffte nur, daß er nicht schlief.

Bei meiner Rückkehr war der Hund in Madame Hélènes Garten an einen Baum gebunden und winselte vor Freude, als ich durch die Tür trat. Sein Fell war so kurz geschnitten, daß der Kopf nun noch viel größer wirkte und seine Knochen noch stärker vorstanden. Nur sein Schwanz war dem radikalen Schnitt entgangen; der hatte ein backenbartartiges Ende, das zu einer Art Pompom getrimmt worden war. Der Hund sah ganz und gar *extraordinaire* und völlig verrückt aus, etwa so wie ein mit wilden Strichen gezeichneter Hund auf einem Kinderbild. Aber er stank wenigstens nicht mehr. Er freute sich riesig, wieder hinten im Wagen zu sitzen, und hielt sich auf seinem Sitz kerzengerade, um sich ab und an zu mir herüberzulehnen, an meinem Armgelenk zu knabbern und dabei leise Summtöne von sich zu geben, die ich als Zeichen der Zufriedenheit deutete.

In Wirklichkeit müssen es Hungerlaute gewesen sein; denn er stürzte sich auf das Fressen, das zu Hause auf ihn wartete, und legte eine Pfote in die leere Schüssel, damit sie sich nicht bewegte, als er die Emaille abzulecken versuchte. Meine Frau beobachtete ihn mit einer Miene, die Frauen meist braven, klugen Kindern vorbehalten. Ich wappnete mich und schlug vor, wir sollten nun aber einmal darüber nachdenken, wie wir den Besitzer des Hundes ausfindig machen könnten.

Die Diskussion dauerte während des Abendessens an. Der Hund lag laut schnarchend unter dem Tisch, auf den Füßen meiner Frau. Wir einigten uns, daß er die Nacht in einem Nebengebäude verbringen dürfe; die Tür solle offenbleiben, damit er fort könnte, sofern er das wünsche. Falls er am Morgen noch da wäre, wollten wir den einzigen anderen

Menschen in der Umgebung anrufen, der einen Korthals besaß, und ihn um Rat fragen.

Meine Frau war mit dem Morgengrauen auf den Beinen. Wenig später wurde ich wach, weil sich ein haariges Etwas in mein Gesicht drückte. Der Hund war noch da. Uns wurde rasch klar, daß er bleiben wollte und genau wußte, wie er uns überzeugen könnte, daß ein Leben ohne ihn für uns undenkbar würde: Er war ein unverschämter Schmeichler. Ein Blick nur, und er zitterte vor unübersehbarer Freude am ganzen Körper. Ein Klaps, und er geriet in Ekstase. Ich wußte – noch ein oder zwei Tage, und wir wären verloren. Mit gemischten Gefühlen meldete ich mich telefonisch bei Monsieur Grégoire, dem Mann, den wir eines schönen Tages mit seinem Korthals in Apt kennengelernt hatten.

Am nächsten Tag kam er mit seiner Frau, um unseren Gast zu begutachten. Monsieur suchte in seinen Ohren nach einer eintätowierten Nummer, die Hunde mit Stammbaum für den Fall kennzeichnet, daß sie einmal weglaufen. Alle seriösen Hundehalter, kommentierte Monsieur, tätowierten ihre Tiere auf diese Art. Die Nummern seien in Paris in einem Computer gespeichert, und wenn man einen tätowierten Hund findet, kommt man über diese Zentralstelle mit dem Eigentümer in Kontakt.

Monsieur Grégoire schüttelte den Kopf. Da war keine Nummer. »*Alors*«, sagte er, »er ist nicht *tatoué* worden und auch nicht richtig ernährt. Er muß ausgesetzt worden sein – wahrscheinlich ein Weihnachtsgeschenk, das zu groß wurde. Das kommt häufig vor. Bei Ihnen wird es ihm besser ergehen.«

Der Hund wackelte mit den Ohren und gab mit einem lebhaften Wedeln des Schwanzes zu verstehen, daß er dagegen bestimmt nichts einzuwenden hätte.

»*Comme il est beau*«, meinte Madame Grégoire und machte dann einen Vorschlag, der die Hundebevölkerung in unserem Haushalt leichthin verdoppelt hätte. Was wir von einer Ehe zwischen unserem Findling und ihrer jungen Hündin hielten? Was einer in dieser Runde davon hielt, wußte ich ganz genau. Aber es war zu spät. Die beiden Damen planten die Romanze bereits.

»Sie müssen zu uns kommen«, sagte Madame Grégoire, »und wir trinken Champagner, während die beiden ...« sie suchte nach einem hinreichend feinfühligen Ausdruck, »... draußen sind.«

Ihr Mann war, Gott sei Dank, praktischer eingestellt. »Zuerst einmal«, sagte er, »müssen wir sehen, ob sie sich mögen. Und dann ...« Er betrachtete den Hund mit dem abschätzenden Blick des prospektiven Schwiegervaters. Der Hund legte ihm eine Pfote aufs Knie. Madame gurrte. Wenn ich mich je einem *fait accompli* gegenübergesehen habe, dann hier.

»Aber wir haben etwas vergessen«, sagte Madame nach nochmaligem Gurren. »Wie heißt er überhaupt? Wäre nicht ein irgendwie heldischer Name das richtige? Bei dem Kopf!« Sie klopfte dem Hund auf den Kopf. Der Hund verdrehte die Augen. »So etwas wie Victor. Oder Achilles.«

Der Hund legte sich auf den Rücken, die Beine in der Luft. Er konnte beim besten Willen nicht heroisch genannt werden, aber auffallend maskulin war er jedenfalls, und in dem Augenblick entschieden wir seinen Namen.

»Wir dachten, wir sollten ihn Boy nennen. *Ça veut dire ›garcon‹ en Anglais.*«

»Boy? *Oui, c'est génial*«, sagte Madame. Und dabei blieb es denn auch.

Wir verabredeten einen Besuch bei seiner Verlobten, wie

Madame ihre Hündin nannte; in zwei oder drei Wochen, nachdem Boy geimpft, tätowiert, aufgepäppelt worden war und sich alles in allem zu einem bestmöglichst präsentablen Galan entwickelt hätte. Zwischen Besuchen beim Tierarzt und enormen Mahlzeiten tat Boy alles, um sich in unserem Haushalt einzuschmeicheln. Morgen für Morgen wartete er draußen vor dem Eingang zum Hof; er quietschte vor Freude bei dem Gedanken an den vor ihm liegenden Tag und schnappte nach dem ersten Armgelenk, das in Reichweite kam. Innerhalb einer Woche wurde er von einer Decke im Nebengebäude zu einem Korb im Hof befördert. Innerhalb von zehn Tagen schlief er im Haus unter dem Eßtisch. Unsere beiden Hündinnen ließen ihm den Vortritt. Meine Frau kaufte ihm Tennisbälle zum Spielen. Er fraß sie. Er jagte Echsen und entdeckte die Freuden der Abkühlung, wenn er auf den Stufen saß, die ins Schwimmbecken hinunterführten. Er fühlte sich wie im Hundehimmel.

Es kam der Tag für das *rendez-vous d'amour,* wie Madame Grégoire es bezeichnet hatte. Wir fuhren in die sanfte Hügellandschaft oberhalb von Saignon, wo Monsieur Grégoire einen alten Stalltrakt in ein längliches, niedriges Haus mit Blick auf das Tal und das Dorf St. Martin-de-Castillon umgebaut hatte.

Boy hatte zugenommen. Sein Fell war dichter geworden. An gesellschaftlichen Umgangsformen mangelte es ihm nach wie vor. Er sprang aus dem Wagen, hob an einem jungen Schößling das Bein und riß mit der Hinterpfote ein Stück des jungen Rasens auf. Madame fand ihn reizend. Monsieur war sich da wohl nicht so sicher; er musterte Boy mit einem eher kritischen Blick. Die Hündin ignorierte ihn; sie konzentrierte sich auf eine Reihe von Hinterhalten, die sie gegen unsere beiden

Hündinnen errichtet hatte. Boy kletterte auf eine Erdaufschüttung hinter dem Haus, und von dort sprang er aufs Dach. Wir begaben uns nach drinnen. Es gab Tee und in *eau-de-vie* eingelegte Kirschen.

»Gut schaut er aus, der Boy«, sagte Monsieur Grégoire.

»*Magnifique*«, sagte Madame.

»*Oui, mais ...*« Da gab es etwas, was Monsieur Sorge bereitete. Er stand auf und holte eine Zeitschrift. Es war das neueste Heft des offiziellen Organs des *Club Korthals de France* mit Fotos Seite für Seite, von Hunden in Sprungstellung, von Hunden mit Vögeln im Maul, von schwimmenden Hunden, von Hunden, die gehorsam neben ihrem Herrn saßen.

»*Vous voyez*«, sagte Monsieur. »All diese Hunde haben dasselbe Fell, das *poil dur.* Es ist ein Kennzeichen der Rasse.«

Ich sah mir die Fotos an. Sämtliche Hunde hatten ein flaches Rauhhaarfell. Ich sah Boy, der seine große braune Nase gerade gegen die Fensterscheibe drückte. Nach dem Trimmen hatte sich sein Fell zu einer dicken Masse grauer und brauner Löckchen gemausert. Wir fanden das recht *distingué.* Nicht so Monsieur Grégoire.

»Ich bedaure«, erklärte er, »aber jetzt ähnelt er einem *mouton.* Vom Hals aufwärts ist er ein Korthals. Vom Hals abwärts ist er ein Schaf. Es tut mir außerordentlich leid, aber es wäre eine *mésalliance.*«

Meine Frau wäre beinahe an ihrer Kirsche erstickt. Madame Grégoire schaute unglücklich vor sich hin. Ich war erleichtert. Mir würden zwei Hunde und ein Schaf fürs erste reichen. Soweit wir wissen, ist Boy noch immer Junggeselle.

Über fünfzig, ohne das Tempolimit zu überschreiten

Ich habe meinen Geburtstagen nie viel Beachtung geschenkt, nicht einmal solchen, die das Ende eines Taumelns durch weitere runde zehn Jahre bedeuteten. An dem Tag, als ich dreißig wurde, habe ich gearbeitet. Ich habe gearbeitet, als ich vierzig wurde, und ich war recht glücklich bei dem Gedanken, auch an meinem fünfzigsten Geburtstag zu arbeiten. Es sollte nicht sein. *Madame,* meine Frau, hatte eine andere Idee.

»Du wirst ein halbes Jahrhundert alt«, sagte sie. »In Anbetracht der Weinmengen, die du konsumiert hast, ist das eine ganz schöne Leistung. Die sollten wir feiern.«

Es hat keinen Zweck, ihr zu widersprechen, wenn ihr Kinn eine gewisse Entschiedenheit andeutet, und so unterhielt ich mich mit ihr darüber, wo und wie wir die Feier gestalten sollten. Ich hätte eigentlich wissen müssen, daß meine Frau längst alles arrangiert hatte; sie hörte sich meine Vorschläge an – eine Reise nach Aix, ein *déjeuner flottant* im Swimmingpool, ein Tag an der Küste bei Cassis. Sie tat es aus reiner Höflichkeit. Als meine Inspirationen aussetzten, meldete sie sich. Ein Picknick im Lubéron, sagte sie, mit einigen wenigen, engen Freunden. So müßte man in der Provence seinen Geburtstag feiern. Sie malte idyllische Bilder einer vor Sonnenlicht zittrigen Waldlichtung. Ich müßte mir nicht einmal lange Hosen anziehen. Es würde mir dort bestimmt gefallen.

Ich konnte mir wirklich nicht vorstellen, daß ich an einem Picknick Gefallen finden könnte. So begrenzt meine Erfahrungen mit einem Picknick in England auch gewesen sein mochten, sie hatten Erinnerungen hinterlassen – an Feuchtigkeit, die aus einer permanent nassen Erde die Wirbelsäule hochkroch; an Ameisen, die mir mein Essen streitig machten; an lauwarmen Weißwein; an die wilde Jagd unter ein schützendes Dach, wenn die unvermeidlichen Wolken am Himmel aufzogen und just über unseren Köpfen zerplatzten. Ich haßte Picknicks. Ich war so ungalant, es auch auszusprechen.

Diesmal, so erklärte meine Frau, würde alles ganz anders. Sie habe alles genau bedacht, sich eingehend mit Maurice beraten; was er ausgearbeitet hätte, sei nicht nur zivilisiert, sondern obendrein malerisch schön; es würde ein Tag werden, wie selbst ein trockener Tag in Glyndebourne schöner nicht sein könnte.

Maurice – der Chef und Eigentümer der Auberge de la Loube in Buoux und ein ernsthafter Pferdenarr – hatte über die Jahre zwei oder drei *calèches,* offene Kutschen, aus dem 19. Jahrhundert gesammelt und restauriert, außerdem noch eine von Pferden gezogene Limousine, eine Postkutsche, *une vraie diligence.* Seinen wagemutigeren Kunden offerierte er die Chance, im Pferdetrott zum Mittagessen zu kutschieren. Ich würde begeistert sein.

Ich schicke mich ins Unausweichliche, wenn es mir ins Auge sticht. Ich stimmte zu. Wir luden acht Freunde ein und drückten die Daumen – nicht gar so fest, wie wir es in England getan hätten –, daß es an diesem Tag schönes Wetter gäbe. Seit Anfang April, seit zwei Monaten also, hatte es nur einmal geregnet. Aber der Juni ist in der Provence unberechenbar und gelegentlich naß.

Als ich dann aufwachte und in den Hof trat, war der Sieben-Uhr-Himmel ein unendliches Blau von der Farbe einer Gauloise-Schachtel. Die Steinplatten unter meinen nackten Füßen waren warm; unsere Echsen hatten bereits ihre Plätze zum Sonnenbaden eingenommen; flach und reglos lagen sie an der Hauswand. Welch ein Geburtstagsgeschenk, an so einem Morgen aufzuwachen!

Zu Beginn eines heißen Sommertags im Lubéron bei einer Schale *café crème* auf der Terrasse zu sitzen, während die Bienen im Lavendel summen und das Licht den Wald in ein tiefleuchtendes Grün taucht – das ist besser, als plötzlich als reicher Mensch aufzuwachen. Die Wärme gibt mir ein Gefühl des Wohlbehagens und stimmt mich optimistisch; ich fühlte mich nicht einen Tag älter als Neunundvierzig, schaute auf zehn braune Zehen hinunter und hoffte, so würde es mir auch noch an meinem sechzigsten Geburtstag gehen.

Als wenig später Wärme in Hitze umschlug, wurde das Bienensummen vom Knattern eines Dieselmotors ausgelöscht, und ich sah einen ehrwürdigen, tarnfarbengrünen Landrover mit abgenommenem Dach die Einfahrt hochkeuchen und inmitten einer Staubwolke anhalten. Es war Bennett; er sah aus wie ein Kundschafter einer Long Range Desert Group auf Erkundungstour – mit Shorts und Hemd von militärischem Schnitt, einer Sonnenbrille, wie Panzerkommandeure sie trugen, und mit tiefgebräuntem Gesicht; das Fahrzeug war mit Kanistern und Seesäcken behangen. Nur seine Kopftracht – eine Baseballmütze von Louis Vuitton – wäre in El Alamein als Fremdkörper aufgefallen. Er hatte die feindlichen Linien der N 100 gekreuzt, war erfolgreich in Ménerbes eingefallen und nun bereit für den letzten Vorstoß in die Berge.

»Großer Gott, siehst du alt aus!« sagte er. »Hast du was dagegen, wenn ich mal kurz telefoniere? Ich habe meine Badehose im Haus vergessen, wo ich übernachtet habe. Khakifarbe – wie die Unterhosen von General Noriega. Sehr ungewöhnlich. Ich wäre ganz unglücklich, wenn ich sie verlöre.«

Während Bennett telefonierte, schnappten wir uns die beiden Gäste und unsere drei Hunde und setzten sie in den Wagen für die Fahrt bis Buoux, wo wir mit den übrigen verabredet waren. Bennett kam aus dem Haus, zog gegen das grelle Licht die Mütze ins Gesicht, und los ging's, im Konvoi. Der Landrover und sein Fahrer weckten ziemliches Interesse bei der Landbevölkerung, die zu beiden Seiten der Straße bis zur Hüfte in Reben stand.

Hinter Bonnieux wurde die Landschaft wilder und rauher. Die Reben wichen Felsen, Krüppeleichen und Lavendelfeldern mit Purpurstreifen. Da gab es weder Häuser noch Autos. Es war so, als befänden wir uns Hunderte von Kilometern von den schicken Dörfern des Lubéron entfernt. Ich war froh, daß es noch so viel an wilder, unbewohnter Landschaft gab. Es würde lange dauern, bis hier oben eine Boutique oder das Büro eines Immobilienmaklers aufmachen würden.

Wir fuhren hinab in ein tiefes Tal. Buoux döste vor sich hin. Der Hund, der auf dem Holzstoß gleich hinter der *mairie* residierte, öffnete ein Auge und bellte kurz; bei dem ungewohnten Anblick von so viel Verkehr, schaute ein Kind mit einem Kätzchen im Arm auf: zwei weiße Untertassen in einem runden, braunen Gesicht.

Die Umgebung der Auberge ähnelte einer Szene mit Probeaufnahmen für einen Film, bei dem Handlung, Charaktere,

Garderobe oder Zeitepoche noch nicht festgelegt waren. Man sah einen weißen Anzug mit einem breitkrempigen Panamahut; man sah Shorts und *espadrilles,* ein Seidenkleid, eine mexikanische Peontracht, Schals und bunte Halstücher, Hüte aller möglichen Farben und Moden, ein makellos herausgeputztes Baby und unseren Helden der Wüste, der aus seinem Landrover sprang, um die Kontrolle über die gesamte Ausrüstung zu behalten.

Vom Pferdeareal her erschien Maurice, der über uns und das herrliche Wetter strahlte. Er trug provenzalischen Sonntagsstaat – weißes Hemd, weiße Hosen, schwarze Schnürsenkel-Krawatte, pflaumenrote Weste und einen alten flachen Strohhut. Sein Freund, der die zweite Kutsche lenken sollte, war ebenfalls in Weiß, das sich gegen die breiten karmesinroten Hosenträger und einen großartigen graumelierten Schnurrbart abhob – ganz und gar das Ebenbild Yves Montands im Film *Jean de Florette.*

»*Venez!*« rief Maurice. »Kommen Sie! Schauen Sie sich die Pferde an!« Er führte uns durch den Garten, erkundigte sich nach unserem Appetit. Der Vortrupp war mit dem Lieferwagen losgefahren, um das Picknick zu richten, mit einer Ladung, die ausgereicht hätte, ganz Buoux abzufüttern.

Die Pferde standen mit glänzendem Fell und gestriegelten Mähnen und Schweifen angebunden im Schatten. Eins wieherte und rieb auf der Suche nach Zucker die Nase an Maurices Weste. Unser jüngster Gast saß hoch oben auf Papas Schultern und beugte sich vor, um vorsichtig ein rosarotes Fingerchen in die glänzende, kastanienfarbene Flanke zu drücken. Das Pferd hielt es für eine Fliege und schlug mit dem Schwanz.

Wir schauten zu, als Maurice und Yves Montand die Pferde

vor die offene schwarze *calèche* spannten, die innen rot ausgelegt war, und vor die siebensitzige rote *diligence* mit ihrem schwarzen Inneren – beide Fahrzeuge waren geölt und gewachst und wie für eine Ausstellung herausgeputzt worden. Maurice hatte den ganzen Winter über an ihnen gearbeitet; sie waren, wie er sich ausdrückte, *»impecc«*. Einziger moderner Zusatz war eine Oldtimer-Autohupe von der Größe und Form eines Jagdhorns, zum Einsatz beim Überholen von Kutschen mit geringerer Triebkraft und zum *éclater* von Hühnern, die die Straße zu überqueren gedachten. *»Allez! Montez!«*

Wir stiegen ein und fuhren los. Innerhalb des Dorfes beachteten wir die Höchstgeschwindigkeit. Der Hund auf dem Holzstoß bellte zum Abschied. Wir nahmen Kurs auf die offene Landschaft.

Wer so reist, kann über die Erfindung des Automobils nur Bedauern empfinden. Alles sieht anders aus, gebieterischer, irgendwie interessanter. Es kommt zu einem angenehmen schaukelnden Rhythmus, wenn die Federung sich auf die Gangart der Pferde und auf die Veränderungen in Straßenwölbung und -belag einstellt. Es gibt die angenehme Hintergrundmusik von altmodischen Lauten, wenn das Pferdegeschirr knarrt, die Hufe klappern und die Stahlränder der Räder den Splitt auf der Straße mahlen. Da ist das *parfum* – eine Mischung von warmen Pferdeleibern, Sattelseife, Holzlack und den Gerüchen der Felder, die einem ohne das Hindernis von Fenstern in die Nase dringen. Und dann die Geschwindigkeit – sie läßt Zeit zum *Schauen*. Im Auto sitzt man in einem schnellfahrenden Raum; man ist von der Landschaft isoliert. In einer Kutsche ist man ein Teil der Landschaft.

»*Trottez!*« Maurice tippte den Pferderumpf mit der Peitsche an. Wir legten den zweiten Gang ein. »Faul ist die Stute, jawohl, faul«, sagte er, »und gefräßig. Auf dem Heimweg läuft sie schneller. Dann weiß sie, es gibt bald zu fressen.« Im Tal ein lang hingezogenes Purpurfeld, das mit Mohnblumen übersät war. Hoch oben in den Lüften kreiste ein Bussard und ließ sich mit ausgestreckten, ruhenden Schwingen fallen. Ich sah ihm zu. Für einige wenige Sekunden legte sich ein Schatten vor die Sonne, und ich konnte ihre Strahlen sehen, die wie dunkle, beinahe schwarze Speichen hinter der Wolke hervorkamen.

Wir bogen von der Straße ab und folgten einer schmalen Fahrrinne, die sich durch die Bäume schlängelte. Schartige, duftende Teppiche aus wildem Thymian dämpften den Klang der Pferdehufe. Ich fragte Maurice, wie er solche Picknickplätze fände, und er erzählte mir, daß er an seinem freien Tag Woche für Woche auf dem Pferderücken kundschaften gewesen sei, manchmal sei er stundenlang geritten, ohne einem Menschen zu begegnen. »Wir sind nur zwanzig Minuten von Apt entfernt«, sagte er, »aber hier herauf kommt keiner. Nur ich und die Kaninchen.«

Der Wald wurde dichter, die Wegspur schmaler; sie war für die Kutschen kaum mehr breit genug. Dann kamen wir an einer vorstehenden Felsgruppe vorbei, duckten uns in einem Tunnel aus Zweigwerk, und dann stand es ausgebreitet vor uns: das Mittagessen

»*Voilà!*« sagte Maurice. »*Le restaurant est ouvert.*«

Am Ende einer ebenen, grasigen Lichtung war im Schatten einer ausladenden Krüppeleiche ein Tisch für zehn Personen gedeckt – ein Tisch mit einem steifen weißen Tischtuch, mit Eiseimern, mit gestärkten Baumwollservietten, mit Vasen voll frischer Blumen, mit richtigem Besteck und richtigen Stühlen. Hinter dem Tisch war eine seit langem leerstehende, trockene *borie* aus Stein zu einer rustikalen Bar umfunktioniert worden. Ich hörte das Korkenknallen und Gläserklingen. Meine Vorbehalte gegen Picknicks lösten sich in Wohlgefallen auf. Das war etwas völlig anderes als ein feuchter Boden und Sandwiches mit Ameisen.

Maurice teilte mit Seilen eine Ecke für die Pferde ab, spannte sie aus, und die Pferde wälzten sich im Gras wie zwei ältliche Damen, die ihren Korsetten entkommen sind. Bei der *diligence* wurden die Jalousien heruntergelassen, und unser jüngster Gast zog sich zu einem Nickerchen zurück, während wir uns in dem winzigen kleinen Hof der *borie* mit einem Glas eisgekühlten Pfirsichchampagner stärkten.

Nichts versetzt Menschen in so gute Stimmung wie ein bequemes Abenteuer, und ein dankbareres Publikum hätte Maurice sich gar nicht wünschen können. Er hatte es verdient. Er hatte an alles gedacht, von einer hinreichenden Menge an Eis bis zu Zahnstochern. Und wie er uns fest versprochen hatte – es bestand kein Anlaß zur Befürchtung, daß wir hungrig ausgehen könnten. Er bat uns, Platz zu nehmen, und machte eine Führung durch den ersten Gang: Melone, Wachteleier, cremige *brandade* vom Dorsch, Wildpastete, gefüllte Tomaten, eingelegte Pilze – es hörte gar nicht mehr auf, es erstreckte sich vom einen Ende des Tisches bis zum anderen, und in dem gefilterten Sonnenlicht sah das alles aus wie ein unglaublich vollkommenes Stilleben aus einem jener kunstvollen Kochbücher, die nie in die Küche gelangen. Es gab eine kurze Pause, in der mir die schwerste und akkurateste Geburtstagskarte überreicht wurde, die ich je bekommen habe – ein rundes Verkehrszeichen aus Metall mit etwa sechzig Zentimeter Durchmesser, das mich mit schwarzen Ziffern grob an die verstreichenden Jahre erinnerte: 50. *Bon anniversaire* und *bon appetit.*

Wir aßen und tranken heldenhaft, erhoben uns zwischen den Gängen mit dem Glas in der Hand, um uns zur Erholung ein wenig die Füße zu vertreten, bevor wir zu mehr Speis und Trank an den Tisch zurückkehrten. Das Essen dauerte etwa vier Stunden, und als schließlich Kaffee und der Geburtstagskuchen serviert wurden, hatten wir jenen Zustand zufriedener Trägheit erreicht, in dem selbst die Unterhaltung im Zeitlupentempo geführt wird. Die Welt war rosarot. Fünfzig war ein wunderbares Alter.

Die Pferde müssen das Mehrgewicht ihrer Fracht gespürt haben, als sie uns aus der Lichtung zur Straße nach Buoux zogen, und doch wirkten sie munterer als am Morgen, schüttelten die Mähnen und prüften die Luft mit zuckenden Nüstern. Plötzlich zerrten uns Windstöße an den Strohhüten, es war Donnergrollen zu hören. Innerhalb von Minuten wurde der blaue Himmel schwarz.

Wir hatten eben die Straße erreicht, als es zu hageln begann – erbsengroße Hagelkörner, die weh taten, die uns in der offenen *calèche* auf den Kopf hämmerten und von dem hüpfenden nassen Pferderücken prallten. Die Stute brauchte keine Peitsche, um schneller zu laufen. Sie lief mit gesenktem Kopf und dampfendem Leib, was das Zeug hielt. Die Krempe von Maurices Strohhut hing herunter; die Weste färbte seine weißen Hosen rot. Er lachte und schrie in den Wind: »*Oh là là! Le pique-nique Anglais!*«

Meine Frau und ich machten uns aus den Decken ein Zelt und drehten uns nach hinten um, um zu sehen, wie die *diligence* mit dem Schauer fertig wurde. Das Dach war offenbar weniger wetterfest, als es schien. Hände streckten sich seitlich durch das Fenster, um das Wasser aus den Hüten zu kippen.

Als wir in Buoux ankamen, war Maurice erschöpft und steif vom Zerren an der Leine, um das rückhaltlos begeisterte Pferd im Zaum zu halten. Die Stute hatte das Zuhause und ihr Futter gerochen. Zur Hölle mit den Menschen und ihren Picknicks!

Die durchnäßten, aber fröhlichen Opfer des Sturms sammelten sich im Restaurant, wo sie mit Tee und Kaffee und *marc* erfrischt wurden. Von der Eleganz der Picknickgäste am Morgen war nichts geblieben; statt dessen sah man triefende Gestalten in mehr oder weniger durchsichtiger Kleidung mit strähnig hängendem Haar. Durch ein Paar einst weißer und fester Hosen schimmerte ein rotes Höschen mit den besten Wünschen für *Fröhliche Weihnacht.* Kleider, die sich vorher gebauscht hatten, klebten am Körper; die Strohhüte sahen aus wie Teller mit zusammengepappten Cornflakes. Jeder von uns stand in seiner ganz persönlichen Pfütze.

Madame und Marcel, der Kellner, der mit dem Lieferwagen zurückgefahren war, reichten uns trockene Kleidungsstücke; aus dem Restaurant wurde ein Umkleideraum. Bennett stand nachdenklich unter seiner Baseballmütze und überlegte, ob er sich für die Heimfahrt wohl eine Badehose ausleihen könnte: Der Landrover war innen überschwemmt, der Fahrersitz klatschnaß. Immerhin, sagte er, ist der Sturm vorbei.

Was in Buoux vorüber war, hatte es in Ménerbes nie gegeben. Die Einfahrt zu unserem Haus war noch immer staubig, das Gras immer noch verbrannt, der Hof nach wie vor warm. Wir sahen die Sonne einen Augenblick lang in der Scharte

zwischen den beiden Bergkuppen im Westen des Hauses schweben, bevor sie an einem rötlichen Himmel versank.
»Nun«, fragte meine Frau, »wie gefallen dir Picknicks?«
Was für eine Frage! Natürlich gefallen mir Picknicks. Sogar sehr!

Le Central
clancy

Die singenden Kröten von St. Pantaléon

Von den vielen außergewöhnlichen Ereignissen, die zur Feier der Massenenthauptungen französischer Aristokraten vor zweihundert Jahren veranstaltet worden sind, ist über eine absolut außergewöhnliche Sache bis heute nirgends berichtet worden. Selbst unsere Regionalzeitung, die oft sogar so unwichtige Vorfälle wie den Diebstahl eines Lieferwagens auf dem Markt von Coustellet oder ein *boules*-Turnier zwischen mehreren Dörfern als Aufmacher für die Titelseite hernimmt – selbst die jagenden Reporter von *Le Provençal* verfügten nicht über die notwendigen Kontakte, um an die Informationen heranzukommen. Was hier folgt, ist weltexklusiv.

Ich habe davon erstmals bei Winterende gehört. Im Café gegenüber der *boulangerie* von Lumières unterhielten sich zwei Männer über eine Frage, über die ich noch nie nachgedacht hatte: Können Kröten singen?

Der Größere der beiden – den starken, vernarbten Händen und der feinen Staubschicht auf seiner blauen *combinaison* nach zu urteilen ein Maurer – hielt das eindeutig für völlig unmöglich.

Er behauptete: »Wenn Kröten singen können, bin ich französischer Staatspräsident.« Er nahm einen tiefen Schluck aus seinem Glas Rotwein. »Eh, Madame«, brüllte er der Frau hinter der Bar zu, »was meinen Sie?«

Madame fegte den Boden, schaute hoch und ließ die Hände auf dem Besenstiel ruhen, als sie über die Sache nachdachte. »Daß Sie nicht französischer Staatspräsident sind, ist sonnenklar«, sagte sie. »Das was die Kröten betrifft …« Sie zuckte die Achseln. »Mit Kröten kenne ich mich nicht aus. Möglich ist alles. Das Leben ist seltsam. Ich habe einmal eine siamesische Katze gehabt, die immer auf die Toilette ging. Ich kann Ihnen die Farbfotos zeigen.«

Der Kleinere lehnte sich auf seinem Stuhl zurück, als ob damit etwas bewiesen wäre.

»Sehen Sie? Möglich ist alles. Ich hab's von meinem Schwager gehört. In St. Pantaléon gibt's einen Mann mit vielen Kröten. Er trainiert sie für den *Bicentenaire.*«

»Ah bon?« sagte der Große. »Und was werden sie machen? Fähnchen schwenken? Tanzen?«

»Sie werden singen.« Der Kleinere leerte sein Glas und schob seinen Stuhl zurück. »Man hat mir versichert, daß sie bis zum 14. Juli die *Marseillaise* vortragen können.«

Die beiden setzten ihre Auseinandersetzung fort, als sie das Café verließen. Ich versuchte mir vorzustellen, wie man solchen Kreaturen mit ihrem begrenzten Stimmumfang jene bewegende Melodie beibringen könnte, die jeden Franzosen beim Gedanken an Körbe voll edler geköpfter Häupter mit Stolz erfüllt. Vielleicht war es machbar. Mir waren nur die unausgebildeten Kröten bekannt, die in Sommernächten vor unserem Haus quaken. Eine größere, möglicherweise begabtere Kröte hätte eventuell kein Problem, mehr Oktaven zu umspannen und die langen Noten zu halten. Aber wie sollte man Kröten im Gesang unterrichten? Was für ein Typ von Mensch könnte sich für solch eine Herausforderung Zeit nehmen? Mich packte die Neugier.

Doch bevor ich mich auf die Suche nach dem Mann in St. Pantaléon begab, wollte ich eine zweite Meinung einholen. Mein Nachbar Massot wußte bestimmt über Kröten Bescheid. Wie er mir häufig versicherte, wußte er alles, was es zu wissen gab, über die Natur, das Wetter und sämtliche Lebewesen, die durch die Provence kreuchten und fleuchten. Über politische Dinge und Immobilienpreise war er nicht gerade gut informiert, doch was die freie Natur betraf – da konnte ihm keiner das Wasser reichen.
Ich begab mich über die Fahrspur am Waldrand zu der feuchten, kleinen Mulde, wo Massots Haus sich an einen steilen Hang schmiegte. Seine drei Hunde warfen sich mir entgegen, bis sie, von ihren Ketten gehalten, auf den Hinterbeinen standen. Ich blieb außer Reichweite und pfiff laut. Ich hörte aus dem Haus ein Geräusch, als fiele dort etwas zu Boden, dann einen Fluch – *putain!* –, und in die Tür trat Massot mit triefenden, orangerot verfärbten Händen.
Er kam die Einfahrt herauf und brachte seine Hunde mit Fußtritten zum Schweigen. Er reichte mir seine Ellbogen zum Gruß. Er hatte sein Haus angestrichen, wie er sagte, um seinen Besitz noch attraktiver zu machen, ehe er seine Verkaufsbemühungen im Frühjahr von neuem aufnehme. Ob ich das Orange nicht auch als fröhliche Farbe empfände?
Nachdem ich seinen künstlerischen Geschmack bewundert hatte, bat ich ihn um Informationen über Kröten. Er faßte sich an den Schnurrbart, der sich bereits zur Hälfte orangerot verfärbt hatte, als ihm die Farbe an seinen Fingern einfiel.
»*Merde.*« Er rieb sich den Schnurrbart mit einem Lappen, wodurch er Farbe über sein ohnehin verschmiertes Gesicht verteilte, das von Wind und billigem Wein die Tönung eines frisch gebrannten Ziegelsteins angenommen hatte.

Er wirkte nachdenklich und schüttelte den Kopf.
»Ich habe nie Kröten gegessen«, sagte er. »Frösche ja. Aber Kröten – nie. Aber in England gibt es dafür sicherlich ein Rezept. Nein?«
Ich beschloß, ihm nichts von der englischen Delikatesse zu erzählen, die wir *toad-in-the-hole* nennen – in Pfannkuchenteig gebratenes Fleisch. »Ich will die Kröten nicht *essen*«, erklärte ich. »Ich hätte nur gern gewußt, ob sie singen können.«
Massot warf mir einen Blick zu. Er war sich nicht sicher, ob ich es ernst meinte. Er zeigte seine gräßlichen Zähne. »Hunde *können* singen«, sagte er. »Man braucht sie nur in die *couilles* zu treten, dann ...« Er reckte den Kopf in die Höhe und stieß einen Heulton aus. »Vielleicht auch Kröten. Wer weiß? Bei Tieren ist alles nur eine Frage der Ausbildung. Mein Onkel in Forcalquier hatte einmal eine Ziege, die jedesmal zu tanzen anfing, wenn sie ein Akkordeon hörte. Sie war sehr komisch, die Ziege, aber für meine Begriffe nicht so elegant wie das Schwein, das ich einmal bei Zigeunern tanzen gesehen habe – *das* nenne ich tanzen. *Très délicat,* trotz seiner Größe.«
Ich berichtete Massot, was ich im Café mitgehört hatte. Ob ihm dieser Krötentrainer zufällig bekannt sei?
»Non. Il n'est pas du coin.« St. Pantaléon lag nur ein paar Kilometer entfernt, aber auf der anderen Seite der Hauptverkehrsader, der N 100, und wurde deshalb als Fremde betrachtet.
Massot begann eine unglaubliche Geschichte von einer gezähmten Eidechse zu erzählen, als ihm plötzlich seine Malerarbeiten einfielen. Ich durfte ihm wieder den Ellbogen drücken, und er kehrte zu seinen orangeroten Wänden zurück. Ich kam zu dem Schluß, daß es völlig zwecklos sei,

andere Nachbarn über Dinge zu befragen, die sich so weit von uns entfernt zutrugen. Ich würde selbst nach St. Pantaléon fahren und dort persönlich Nachforschungen anstellen müssen.

St. Pantaléon ist nicht einmal für dörfliche Maßstäbe groß. Es wohnen dort vielleicht einhundert Menschen, es gibt eine *auberge* und ein winziges Kirchlein aus dem 12. Jahrhundert mit einem Friedhof, der in den Felsen geschlagen wurde. Die Gräber stehen seit langem leer, doch ihre Umrisse sind geblieben – manche haben Kindergröße. Es war ein unheimlicher, kalter Tag. Der Mistral rüttelte in den Zweigen der Bäume: Sie waren blank wie Knochen.

Eine alte Frau fegte mit dem Rücken zum Wind vor ihrer Tür und half dem Staub und den leeren Gauloise-Packungen, die zum Nachbarn wehten, ein wenig nach. Ich fragte, ob sie mir den Weg zum Herrn mit den singenden Kröten zeigen könnte. Sie rollte mit den Augen, verschwand im Haus und knallte die Tür hinter sich zu. Als ich weiterging, bewegte sich der Vorhang ihres Fensters. Sie würde ihrem Mann beim Mittagessen sicherlich von einem verrückten Ausländer berichten, der die Straßen unsicher machte.

Unmittelbar vor der Biegung der Straße, die zu Monsieur Audes Werkstatt führt – der *Ferronerie d'Art* –, krümmte sich ein Mann über sein Moped, das er mit einem Schraubenzieher traktierte. Ich fragte ihn.

»*Beh oui*«, sagte er. »Es ist Monsieur Salques. Angeblich ist er ein *amateur* von Kröten. Ich bin ihm persönlich nie begegnet. Er wohnt außerhalb.«

Ich befolgte seine Anweisungen, bis ich ein kleines Steinhaus etwas abseits der Straße fand. Der Kies in der Einfahrt wirkte wie gekämmt, der Briefkasten frisch gemalt, und eine Visi-

tenkarte in gestochen scharfer Handschrift unter Plastikschutz präsentierte HONORÉ SALQUES, ÉTUDES DIVERSES. Das schien ein weites Feld. Ich fragte mich, was er zwischen den Chorstunden mit seinen Kröten wohl sonst alles trieb.
Als ich die Einfahrt entlangging, öffnete er die Haustür und behielt mich mit vorgestrecktem Kopf und klaren Augen hinter einer Goldrandbrille fest im Blick. Vom akkurat mittelgescheitelten schwarzen Haar bis zu den bemerkenswert auf Hochglanz polierten kleinen Schuhen – er strahlte Sauberkeit aus. Die Hosen hatten scharfe Bügelfalten. Er trug eine Krawatte. Aus dem Inneren des Hauses vernahm ich Flötenmusik.
»Endlich«, sagte er. »Seit drei Tagen ist mein Telefon *en panne*. Eine Schande!« Er nörgelte mich an: »Wo haben Sie Ihren Werkzeugkasten?«
Ich sei nicht gekommen, sein Telefon zu reparieren, erklärte ich, sondern um etwas über seine interessante Arbeit mit Kröten zu erfahren. Er plusterte sich auf und strich sich die bereits makellose Krawatte mit sauberer, weißer Hand glatt.
»Sie sind Engländer. Ich höre es. Wie erfreulich zu wissen, daß die Nachricht von meinem bescheidenen Beitrag zur Zweihundertjahrfeier der Revolution England erreicht hat.«
Ich mochte ihn nicht aufklären, daß diese Nachricht bereits im nahen Lumières auf massive Skepsis gestoßen war. Da er nun einmal so guter Laune war, erkundigte ich mich statt dessen lieber, ob ich seinem Chor beim Musizieren zuhören dürfe. Er gab leise Schnalzlaute von sich und fuchtelte mit seinem Finger vor meiner Nase herum. »Man merkt gleich, daß Sie von Kröten nichts verstehen. Kröten werden erst im Frühling aktiv. Ich werde Ihnen zeigen, wo sie sind. Warten Sie hier auf mich.«

Er ging ins Haus und kam im dicken Pullover gegen die Kälte wieder heraus. In der Hand hielt er eine Taschenlampe und einen großen alten Schlüssel mit einem angehängten Zettel, auf dem in klarer Handschrift STUDIO geschrieben stand. Ich folgte ihm durch den Garten bis zu einem bienenkorbförmigen Gebäude aus trockenen, flachen Steinen – es war eine *borie*, eine Architektur, die vor tausend Jahren für das Vaucluse charakteristisch gewesen ist.

Salques schloß die Tür auf und leuchtete mit der Taschenlampe in die *borie* hinein. An den Wänden zogen sich Sandbänke entlang, die sich zum aufblasbaren Plastikplanschbecken in der Mitte des Raums hin senkten. An der Decke über dem Becken hing ein Mikrofon. Von den *artistes* war nichts zu sehen.

»Sie schlafen im Sand«, sagte Salques. Er winkte mit der Taschenlampe. »Hier« – er leuchtete die Sandbank am Ende der Mauer zur Linken ab – »haben wir die Spezies *Bufo viridis*. Sie gibt Laute von sich, die an den Kanarienvogel erinnern.« Er spitzte die Lippen und trillerte mir vor. »Und drüben« – der Lichtstrahl glitt über die Wand gegenüber – »haben wir die Spezies *Bufo calamita*. Sie hat einen Stimmsack von enormer Dehnbarkeit. Ihr Laut ist *très, très fort*.« Er drückte sein Kinn auf die Brust herunter und gab einen krächzenden Ton von sich. »Sehen Sie? Die beiden Töne bilden einen starken Kontrast.«

Anschließend erläuterte mir Monsieur Salques, wie er solchem – meines Erachtens nicht eben vielversprechenden – Grundmaterial Musik abzugewinnen gedachte. Im Frühjahr, wenn sich die Aufmerksamkeit des Bufos dem Gedanken an Paarung zuwende, kämen die Bewohner der Sandbänke hervor und tollten zum Gesang ihrer Liebeslieder im Planschbecken. Aus Gründen angeborener Bescheidenheit fände dergleichen nur bei Nacht statt, aber – *pas de problème* – jedes vogelähnliche Zirpen und jeder maskuline Krächzlaut wurde über Mikrofon auf ein Tonband in Monsieur Salques' Arbeitszimmer übertragen und dort geschnitten, neu gemischt und synthetisch aufbereitet, kurzum: durch den Zauber moderner Elektronik transformiert, bis es als *Marseillaise* vernehmbar würde.

Das sollte jedoch nur ein erster Schritt sein. Angesichts der bevorstehenden Entwicklungen des Jahres 1992 komponierte Monsieur Salques ein absolut einmaliges Opus – eine Nationalhymne der Europäischen Gemeinschaft. Ob ich das alles nicht aufregend fände?

Weit entfernt: Ich war zutiefst enttäuscht. Ich hatte eine Live-Aufführung erwartet, Massenchöre von Kröten mit riesigen Stimmsäcken, die im Einklang anschwollen, Salques als Dirigent auf dem Podium, das markante Krötensolo eines Star-Contralto, ein Publikum, das jeden einzelnen Piepser und Quaklaut mit atemloser Spannung verfolgte. Das wäre ein unvergeßliches musikalisches Erlebnis gewesen.

Doch elektronisch aufbereitetes Krächzen? Gewiß, es war nichts eben Alltägliches, aber der ganze herrliche, absolute Wahnsinn eines lebendigen Krötenchors ginge verloren. Und was eine EG-Hymne anging, so hatte ich ernste Bedenken. Wenn diese Bürokraten in Brüssel Jahre brauchten, um bereits für so einfache Dinge wie die Farbe des gemeinsamen Reisepasses und die zulässige Bakterienquote für Joghurt Übereinstimmung zu erzielen – wie sollte man von ihnen dann Einigung über eine Melodie erwarten, ganz zu schweigen über eine von Kröten vorgebrachte Melodie: Was würde Mrs. Thatcher sagen?

Ich wußte natürlich genau, was Mrs. Thatcher sagen würde – »Aber es müssen *britische* Kröten sein« –, doch ich wollte Kunst nicht mit politischen Überlegungen vermengen und stellte deshalb nur die eine Frage, die auf der Hand lag.
Warum Kröten?
Monsieur Salques sah mich an, als ob ich mit Absicht den Dummen spielte. »Weil«, sagte er, »das noch nie jemand gemacht hat.«
Natürlich.
Ich habe im Frühling und bei Sommerbeginn oft daran gedacht, noch einmal nach St. Pantaléon zu gehen, um zu erfahren, welche Fortschritte Monsieur Salques mit seinen Kröten gemacht hatte, verschob meinen Besuch dann aber auf den Juli – bis Juli müßte er sein *concerto Bufo* aufgenommen haben. Mit ein wenig Glück würde ich auch die EG-Hymne hören können.
Als ich hinfuhr, war von Monsieur Salques keine Spur zu sehen. Die Tür wurde von einer Frau mit einem Walnußgesicht geöffnet, die in der anderen Hand das operative Ende eines Staubsaugers hielt.
Ob Monsieur zu Haus sei? Die Frau wich ins Haus zurück und schaltete den Staubsauger aus.
Non. Er sei nach Paris verreist. Nach einer Pause fügte sie noch hinzu: Zu den Feiern anläßlich des *Bicentenaire*.
Dann wird er seine Musik mitgenommen haben?
Davon weiß ich nichts. Ich bin die Haushälterin.
Ich wollte die Reise nicht ganz umsonst gemacht haben und erkundigte mich, ob ich die Kröten sehen dürfe.
Non. Sie seien erschöpft. Monsieur Salques habe gesagt, sie dürften nicht gestört werden.
Danke, *Madame*.

De rien, Monsieur.
In den Tagen vor dem 14. Juli waren die Zeitungen voll mit Meldungen über die Vorbereitungen des Festes in Paris – die geschmückten Umzugswagen, das Feuerwerk, die erwarteten ausländischen Staatsoberhäupter, die Garderobe von Cathérine Deneuve –, doch nirgends, nicht einmal in den Feuilletons, habe ich einen Hinweis auf die singenden Kröten gefunden. Der Tag der Bastille kam und verging ohne eine einzige Kröte. Ich hatte es doch gewußt – er hätte das Konzert live geben sollen.

In Châteauneuf-du-Pape wird nicht ausgespuckt

Während des Augusts bleibt man in der Provence am besten still und ruhig im Schatten zu Hause; Ausflüge sollten auf kurze Strecken beschränkt bleiben. Die Eidechsen verstanden das am besten; ich hätte es besser wissen müssen.

Um halb zehn hatten wir bereits etwa dreißig Grad. Als ich ins Auto stieg, kam ich mir vor wie ein Hähnchen, das *sauté* werden sollte. Ich suchte auf der Landkarte nach einer Route über Nebenstraßen, um dem Touristenverkehr und den vor Hitze durchgedrehten Fernkraftfahrern auszuweichen, und dabei tropfte eine Schweißperle von meiner Nase auf meinen Bestimmungsort – Châteauneuf-du-Pape, die Kleinstadt mit dem großen Wein.

Es war im Winter gewesen und lag Monate zurück, daß ich bei einem Abendessen zur Feier einer Verlobung in unserem Freundeskreis einen Mann namens Michel kennengelernt hatte. Das erste Glas wurde eingeschenkt. Man stieß an. Da fiel mir auf: Während wir einfach tranken, zelebrierte Michel konzentriert ein besonderes, persönliches Ritual.

Er schaute ins Glas, bevor er es hob, hielt es in der Wölbung seiner Hand und schwenkte es drei- oder viermal behutsam. Er brachte das Glas in Augenhöhe und folgte den Spuren des Weins an der Innenwand. Die Nase senkte sich mit bebenden Nüstern dem Glas zu, zum Zweck einer eingehenden Ge-

ruchsprüfung des Weins. Ein tiefes Schnüffeln. Ein letzter Schwenk, und Michel nahm den ersten Schluck, allerdings nur zur Probe.
Der Wein mußte offenbar mehrere Tests bestehen, bevor er die Kehle hinunter durfte. Michel kaute ihn nachdenklich ein paar Sekunden lang. Er schürzte die Lippen, sog etwas Luft in den Mund ein und machte diskrete Laute des Spülens. Er richtete die Augen gen Himmel: Er spannte die Backen und entspannte sie wieder, damit der Wein in freiem Fluß die Zunge und die Geschmacksnerven umkreisen konnte, und dann, offenbar von der Qualität des Weins zufriedengestellt, der die orale Attacke überstanden hatte, schluckte er ihn hinunter.
Er merkte, daß ich sein Ritual beobachtet hatte, und grinste. »*Pas mal, pas mal.*« Er nahm einen weiteren, weniger umständlichen Schluck und salutierte mit gehobenen Brauen: »Ein guter Jahrgang, der 85er.«
Michel war, wie sich während des Abendessens herausstellte, ein *négociant,* ein professioneller Weintrinker, jemand, der Reben einkaufte und Nektar verkaufte. Er hatte sich auf Weine des Südens spezialisiert, vom Tavel rosé (dem Lieblingswein Ludwigs XIV., wie er behauptete) über die goldgetönten Weißweine bis hin zu den schweren, berauschenden Roten von Gigondas. Doch unter all den Weinen seiner umfangreichen Kollektion gab es einen, seine *merveille,* den er sich für den Augenblick des Todes auf den Lippen wünschte – das war der Châteauneuf-du-Pape.
Er sprach von ihm, als spräche er von einer Frau: Er streichelte die Luft mit den Händen; zarte Küsse netzten seine Fingerspitzen, und es gab viel zu hören von Körper und Blume und *puissance.* Es sei, so gab er mir zu verstehen,

vorgekommen, daß ein Châteauneuf es bis auf fünfzehn Prozent Alkoholgehalt gebracht habe. Und in Zeiten wie diesen, da der Bordeaux immer dünner wird und Burgunder nur noch für Japaner erschwinglich sind, seien die Weine aus Châteauneuf-du-Pape ein Schnäppchen. Ich müsse mir einmal seine *caves* ansehen und mich persönlich überzeugen. Er würde mich zu einer *dégustation* einladen.

Die Zeit, die in der Provence zwischen der ersten Vorbereitung und der tatsächlichen Ausführung eines Besuchs vergeht, kann sich über Monate und sogar Jahre erstrecken. Ich rechnete deshalb nicht gleich mit einer konkreten Einladung. Aus dem Winter wurde Frühling, aus dem Frühling Sommer, und der Sommer floß über in den August. Das heißt, der für Experimente mit fünfzehnprozentigem Wein gefährlichste Monat im Jahr war angebrochen. Da meldete sich Michel.

»Morgen früh um elf«, sagte er. »In den *caves* von Châteauneuf-du-Pape. Und essen Sie zum Frühstück viel Brot.«

Ich hatte seinen Rat befolgt und aus besonderer Vorsicht noch einen großen Löffel reines Olivenöl geschluckt, was, wie mir ein Gourmet aus der Umgebung bedeutet hatte, ein vorzügliches Mittel sei, um die Magenwände zu schützen und den Verdauungsapparat gegen Serienangriffe junger, starker Weine zu polstern. Ich würde, dachte ich während der Fahrt über die gewundenen, heißgebackenen kleinen Landstraßen, sowieso nicht viel Wein trinken, sondern es machen wie die Experten – den Mund spülen und ausspucken.

Kurz vor elf kam das in der Hitze vibrierende Châteauneuf in Sicht. Der Ort ist total auf Wein eingestellt. Überall lauern verführerische Einladungen – auf sonnengebleichten, abblätternden Holztafeln, auf frisch gemalten Plakaten, handschriftlich auf Flaschenungetümen, die an Mauern festgemacht, neben Weinbergen aufgepflanzt, vor den Einfahrten auf Pfosten gepfropft sind. *Dégustez! Dégustez!*

Ich fuhr in den Torweg durch die hohe Steinmauer, die die *Caves Bessac* vor der Außenwelt schützt, stellte den Wagen im Schatten ab und schob mich aus meinem Sitz. Vor mir stand ein längliches Gebäude mit zinnenartigem Aufsatz und riesigen Doppeltüren; Fenster hatte die Fassade nicht. Im offenen Türrahmen stand ein Grüppchen von Menschen, die sich von der Schwärze des Inneren abhoben und große Schüsseln hielten, die in der Sonne glitzerten.

Die *cave* kam mir fast kalt vor. Das Glas, das Michel mir reichte, lag angenehm kühl in der Hand. Es war eines der größten Gläser, die ich je gesehen habe – eher ein Kristalleimer am Stiel, mit einem zwiebelartigen Bauch vom Durchmesser eines Goldfischbeckens, der sich nach oben hin verjüngte. Laut Michel faßte es zwei Drittel vom Inhalt einer Weinflasche.

Nach dem blendenden Licht draußen mußten meine Augen sich erst an das Dunkel gewöhnen. Ich befand mich, wie ich langsam begriff, keineswegs in einer bescheidenen *cave*. In einer der schummerigen hinteren Ecken hätten leicht fünfundzwanzigtausend Flaschen liegen können. Man sah aber nirgends Flaschen, nur Gänge mit Fässern – riesige runde Fässer, die, gestützt von Rampen in Hüfthöhe, auf der Seite lagen; die obere Wölbung erreichte eine Höhe von vier bis fünf Metern über dem Boden. Auf den Stirnseiten der Fässer war mit Kreide eine Angabe des Inhalts notiert. Es war das erste Mal in meinem Leben, daß ich durch eine Weinkarte wandeln konnte: Côtes-du-Rhône-Village, Lirac, Vacqueyras, Saint-Joseph, Crozes-Hermitage, Tavel, Gigondas –

Tausende von Litern nach Jahrgängen geordnet schlummerten schweigend ihrer Reife entgegen.
»*Alors*«, sagte Michel, »Sie können hier nicht mit einem leeren Glas herumlaufen. Was hätten Sie gern?«
Die Auswahl war einfach zu groß. Ich wußte nicht, wo beginnen. Ob Michel mich durch die Reihen mit Weinfässern führen würde? Die anderen hätten doch, wie ich sehe, bereits etwas in ihren Goldfischbecken. Könnte ich nicht dasselbe haben?
Michel nickte. Das wäre wohl am besten, meinte er, wir hätten nämlich nur zwei Stunden, und er möchte unsere Zeit nicht gern mit den ganz jungen Weinen vergeuden, da doch so viele ausgereifte Schätze warteten. Ich war froh, am Morgen meinen Löffel Olivenöl geschluckt zu haben: So kostbare Schätze würde man wohl kaum ausspucken dürfen. Andererseits – nach zwei Stunden Schlucken wäre ich träge wie ein Weinfaß. Ich fragte, ob man hier spucken dürfe.
Michel deutete mit seinem Glas zu einer schmalen Rinne, die den Eingang zum *Boulevard Côtes-du-Rhône* markierte. »*Crachez si vous voulez, mais ...*« Völlig klar, was er dachte: Es wäre geradezu tragisch, bei solchen Weinen auf das volle Vergnügen des Schluckens zu verzichten, auf das Aufspringen der Geschmacksknospen, die in sich gerundete Harmonie zum Schluß und auf die tiefe Befriedigung, die das genießerische In-sich-Aufnehmen eines Kunstwerks vermittelt.
Der *maître de chai*, ein drahtiger alter Mann in einer Baumwolljacke von der Farbe eines verblaßten blauen Himmels, erschien mit einem Gerät, das mir wie ein riesiger Lutscher vorkam – eine ein Meter lange Glasröhre mit einem faustgroßen Gummiglobus an einem Ende. Er drückte die Zapf-

schnauze ein und ein großzügiges Maß weißen Weins in mein Glas, und während des Drückens murmelte er ein Gebet: »*Hermitage 86, bouquet aux aromes de fleurs d'accacia. Sec, mais sans trop d'acidité.*«

Ich schwenkte und schnupperte und spülte und schluckte. Köstlich. Michel hatte völlig recht. Es wäre eine Sünde, so etwas dem Abfluß anheimzugeben. Zu meiner nicht geringen Erleichterung bemerkte ich dann allerdings, daß die anderen ihre Gläser nicht leerten und den Rest in einen großen Krug auf einem nahen Gestell gossen, der später in ein Gefäß mit einer *mère vinaigre* umgeschüttet werden sollte, um ein Vier-Sterne-Essig zu werden.

Wir arbeiteten uns langsam durch die Boulevards voran. Bei jedem Halt kletterte der *maître de chai* eine Tragleiter empor, auf das Faß, schlug den Spundzapfen heraus, steckte seine durstige Zapfschnauze hinein und kam dann die Leiter so vorsichtig wieder herunter, als trüge er eine geladene Waffe – der sein Rohr im Verlauf der Weinprobe dann allerdings auch immer ähnlicher wurde.

Die ersten paar Schüsse waren auf die Weißen, die Rosés und die leichteren Rotweine beschränkt. Als wir uns in die tiefere Dunkelheit der hinteren *cave* begaben, wurden auch die Weine dunkler. Und schwerer. Und merklich stärker. Jeder Wein wurde zur Begleitung einer eigenen, kurzen, aber ehrwürdigen Litanei serviert. Der rote Hermitage mit seiner kräftigen Blume von Veilchen, Himbeeren und Maulbeeren war ein *vin viril*. Der Côtes-du-Rhône »*Grande Cuvée*« war ein eleganter Vollblüter, reinrassig und *étoffé*. Das erfinderische Vokabular beeindruckte mich fast so stark wie die Weine selbst – fleischig, animalisch, muskulös, wohlgeformt, wollüstig, sehnig –, und der *maître* wiederholte sich kein einziges Mal. Ich fragte mich, ob ihm die Gabe poetischer Beschreibung wohl angeboren sei oder ob er Abend für Abend mit dem Synonymlexikon zu Bett ginge.

Zu guter Letzt erreichten wir Michels *merveille*, den 1981er Châteauneuf-du-Pape. Obwohl er noch eine Reihe von Jahren warten konnte, war er bereits ein Meisterwerk mit seiner *robe profonde*, seinem Hauch von Gewürz und Trüffel, seiner Wärme, seiner Ausgewogenheit – von seinem Alkoholgehalt, der auf fünfzehn Prozent zuging, ganz zu schweigen. Es kam mir fast so vor, als ob Michel sich mit einem Kopfsprung in sein Glas stürzen wollte. Es ist etwas Schönes, einem Mann zuzusehen, der in seiner Arbeit aufgeht.

Mit einigem Widerstreben stellte er nach einem Blick auf die Uhr sein Glas ab. »Wir müssen gehen«, sagte er. »Ich hole uns noch ein paar Flaschen fürs Mittagessen.« Er verschwand in einem Büroraum im vorderen Bereich der *cave* und kam wieder mit einem Kasten von zwölf Flaschen, gefolgt von einem Kollegen, der gleichfalls zwölf Flaschen trug. Wir würden beim Mittagessen zu acht sein. Wie viele von uns würden es überleben?

Wir verließen die *cave* und zuckten unter der prallen Sonne zusammen. Ich hatte mich beherrscht und vom Wein nur genippt, statt in mundvollen Schlucken zu trinken; trotzdem pochte mir auf dem Weg zu meinem Auto der Schädel – ein Warnsignal: Wasser; ich mußte Wasser trinken, bevor ich auch nur mehr an Wein röche.

Michel schlug mir auf den Rücken. »Eine *dégustation* macht durstig!« sagte er. »Aber keine Sorge! Wir haben reichlich.« Du lieber Himmel!

Michel hatte ein Restaurant gewählt, das eine halbe Stunde entfernt in der Nähe von Cavaillon lag. Es war eine *ferme auberge*, die, wie er sagte, echtes provenzalisches Essen in ländlicher Atmosphäre anbot. Das Gasthaus sei abgelegen und schwer zu finden, ich solle mich besser an ihn anhängen. Leichter gesagt als getan. Meines Wissens gibt es keine Statistiken zum Beweis meiner These, doch auf der Basis von persönlichen Beobachtungen und Erlebnissen unter Todesangst bin ich fest überzeugt: Ein Franzose fährt mit leerem Magen doppelt so schnell wie ein satter Franzose (und der fährt schon schneller, als Vernunft und Tempolimit es ihm eigentlich erlauben). Und so war es auch mit Michel. In einer Minute war er vor mir, in der nächsten bereits ein verschwommener Staubfleck am flimmernden Horizont; in den Kurven spurte er über das trockene Gras des Straßenrands; wie ein Rasender donnerte er durch die schmalen Gassen der Dörfer im Mittagsschlaf. Als wir vor dem Restaurant hielten, waren all meine frommen Gedanken an Wasser dahin. Ich brauchte unbedingt einen Drink.

Der Speiseraum des Bauernhofs war kühl und laut. In der Ecke plapperte ein sich selbst überlassenes Fernsehgerät. Die anderen Gäste – hauptsächlich Männer – waren von der Sonne braungebrannt und trugen zur Arbeit im Freien alte Hemden; das plattgedrückte Haar und die weiße Stirn verrieten, daß sie bei der Arbeit Mützen aufhatten. In der Ecke lag ein Hund von undefinierbarer Rasse; die Nase zuckte verschlafen ob der würzigen Gerüche von bratendem Fleisch in der Küche. Ich war plötzlich heißhungrig.

Wir wurden mit André, dem *patron,* bekanntgemacht, dessen Erscheinung –, dunkel, ein voller Körper – der Beschreibung gewisser Weine entsprach, die wir in der *cave* gekostet hatten; in seinem *bouquet* gab es Untertöne von Knoblauch, Gauloises und *pastis*. Er trug ein loses Hemd, kurze Hosen,

Gummisandalen und einen herausragend schwarzen Schnurrbart. Er besaß eine Stimme, die den Lärm im Raum übertönte.

»*Eh, Michel! Qu'est-ce que c'est? Orangina? Coca-Cola?*«

Er begann die Weinkisten auszupacken und suchte in seiner Gesäßtasche nach einem Korkenzieher. »*M'amour! Un seau, des glaçons, s'il te plaît.*«

Seine kompakte, lächelnde Frau kam mit einem Tablett aus der Küche und lud es auf unserem Tisch ab: zwei Eimer mit Eis, Teller mit rosaroten *saucissons* mit eingesprenkelten winzigen Pfefferkörnern, einen kleinen Teller mit knackend frischen Radieschen und eine tiefe Schüssel mit dicker *tapenade* – die Oliven-und-Anchovis-Pastete, die gelegentlich als die schwarze Butter der Provence bezeichnet wird. André entkorkte Flaschen wie am Fließband. Er beroch jeden Korken, bevor er ihn herauszog, und stellte die Flaschen in einer Doppelreihe in der Mitte des Tisches auf. Es handelte sich dabei, wie Michel erklärte, um ein paar Weine, für die wir in der *cave* keine Zeit gehabt hätten, hauptsächlich junge Côtes-du-Rhône sowie, als Verstärkung zum Käse, ein halbes Dutzend älterer, seriöser Gigondas.

Das Mittagessen in Frankreich hat etwas, was meine zugegebenermaßen geringen Reserven an Willenskraft immer übersteigt. Ich kann mich hinsetzen und noch so entschlossen sein, mich zu mäßigen, wenig zu essen und wenig zu trinken, und dann sitze ich drei Stunden später immer noch mit dem Glas in der Hand da und bin für weitere Anregungen offen. Ich glaube nicht, daß Gier der Grund ist. Ich glaube, es liegt vielmehr an der Atmosphäre, die ein Raum voller Menschen erzeugt, die völlig auf Essen und Trinken konzentriert sind. Und während sie essen und trinken, reden sie von Essen und

Trinken; nicht etwa über Politik oder Sport oder Geschäftliches, sondern über das, was sich auf ihrem Teller und in ihrem Glas befindet. Da werden Saucen verglichen, man streitet sich über Rezepte, erinnert sich an vergangene Mahlzeiten und plant Menüs für die Zukunft. Mit der Welt und ihren Problemen kann man sich später abgeben; im Moment hat *la bouffe* Priorität, und die Luft ist durchdrungen von einem Gefühl seliger Zufriedenheit. Solch eine Atmosphäre finde ich einfach unwiderstehlich.

Wir begannen zu essen wie Athleten, die sich warmlaufen. Ein Radieschen, aufgeschlitzt, um eine Scheibe fast weißer Butter zu halten, mit einer Prise von grobkörnigem Salz; eine Scheibe *saucisson* mit Pfeffer, der auf der Zunge prickelte; Runden von getoastetem Brot von gestern, das vor lauter *tapenade* glänzte. Gekühlte Weißweine und Rosés. Michel beugte sich über den Tisch zu mir herüber. »Aber nicht ausspucken!«

Der *Patron*, der, wenn seine Pflicht ihm dazu Zeit ließ, selbstvergessen an einem Glas Rotwein nippte, zelebrierte den ersten Gang so, wie es einem Mann in kurzen Hosen und Gummisandalen gegeben ist. Er stellte eine tiefe *terrine* auf den Tisch, deren Wände fast schwarz gebrannt waren. Er steckte ein altes Küchenmesser in die *pâté* und kam anschließend mit einem hohen Glastopf von *cornichons* und einer Schüssel Zwiebelmus zurück. »*Voilà, mes enfants! Bon appétit!*«

Der Wein wechselte die Farbe. Michel schenkte seine jungen Rotweine ein. Die *terrine* wurde für eine zweite Scheibe herumgereicht. André ließ das Kartenspiel im Stich, um sein Glas nachzufüllen. »*Ça va? Ça vous plaît?*« Ich sagte ihm, wie gut mir sein Zwiebelmus schmecke. Er riet mir, ein bißchen Platz für den nächsten Gang übrigzulassen, für etwas – er schnalzte mit der Zunge – absolut Großartiges, *alouettes sans tête*, die seine bewundernswerte Monique extra für uns zubereitet hatte.

Ungeachtet seines einigermaßen grauenhaften Namens (wörtlich übersetzt: Lerchen ohne Kopf), besteht dieses Gericht aus dünnen Rindfleischscheiben, die um gepökeltes Schweinefleisch gerollt werden; man bestreut sie mit kleingehacktem Knoblauch und Petersilie, legt sie in Olivenöl, trockenen Weißwein, Rinderbrühe und Tomaten-*coulis* ein und wickelt das Ganze hübsch in Küchenzwirn. Es sieht überhaupt nicht nach Lerche aus; eher wie eine opulente Wurst, aber irgendein kreativer provenzalischer Koch muß wohl gedacht haben, daß Lerchen appetitlicher klingen als gerolltes Rindfleisch, und so hat sich der Name durchgesetzt.

Monique trug die *alouettes* herein, die André erst am Morgen geschossen zu haben behauptete. Er gehörte zu den Männern, denen es schwerfällt, einen Witz zu machen, ohne die Pointe physisch zu unterstreichen. Der Stoß, den er mir mit dem Arm versetzte, hätte mich fast in eine Wanne von *ratatouille* befördert.

Die kopflosen Lerchen waren heiß und jubilierten vor Knoblauch. Sie hätten, behauptete Michel, einen solideren Wein verdient. Der Gigondas wurde vorgezogen. Die Ansammlung leerer Flaschen am Tischende hatte mittlerweile eine zweistellige Zahl erreicht. Ich fragte Michel, ob er etwa vorhabe, am Nachmittag noch zu arbeiten.

Er tat überrascht. »Aber ich arbeite doch schon«, sagte er. »So verkaufe ich meinen Wein am liebsten. Trinken Sie noch ein Glas.«

Dann kam der Salat und ein Tablett mit Käse – fette, weiße Scheiben von frischem Ziegenkäse, ein milder Cantal und ein Rad sahniger St. Nectaire aus der Auvergne –, was André, der sich inzwischen am Kopfende unseres Tisches niedergelassen hatte, zu einem zweiten Witz anregte. In der Auvergne lebte ein kleiner Junge, der wurde gefragt, wen er denn lieber hätte, den Vater oder die Mutter. Der kleine Junge dachte kurz nach. »Speck ist mir am liebsten«, sagte er. André schüttelte sich vor Lachen. Ich war froh, außer Reichweite zu sitzen.

Es wurden *scoops* von Sorbet angeboten und *tartes aux pommes*, dünn, glasiert, doch ich gab mich geschlagen. Als André mein Kopfschütteln sah, brüllte er über den Tisch: »Sie müssen essen. Damit Sie stark werden. Wir gehen jetzt *boules* spielen.«

Er führte uns nach dem Kaffee ins Freie, um uns seine Ziegen zu zeigen, die er in einem Pferch von der Größe des Restaurants hielt. Sie dösten im Schatten eines Nebengebäudes; ich beneidete sie; von ihnen erwartete niemand, *boules* zu spielen unter einer Sonne, die mir Laserstrahlen in den Kopf bohrte. Es war zwecklos. Mir taten vom grellen Licht die Augen weh; mein Magen brauchte Ruhe, um alles verdauen zu können. Ich entschuldigte mich, suchte mir ein Fleckchen Rasen unter einer Platane und ließ mein Mahl rutschen.

André weckte mich irgendwann nach sechs Uhr und erkundigte sich, ob ich zum Abendessen bliebe. Es gäbe *pieds et pasquets*, sagte er, und durch einen glücklichen Zufall seien noch zwei oder drei Flaschen Gigondas übriggeblieben. Ich hatte einige Mühe, ihm zu entkommen und nach Hause zu fahren.

Meine Frau hatte den Tag vernünftigerweise am Swimming-

pool im Schatten verbracht. Sie nahm meine zerknitterte Erscheinung zur Kenntnis und erkundigte sich, ob es mir Spaß gemacht hätte.
»Hoffentlich hast du etwas zu essen bekommen«, sagte sie.

Trüffelkauf bei Monsieur X

Die ganze Heimlichtuerei begann mit einem Telefonanruf aus London. Es war mein Freund Frank, den eine Hochglanzzeitschrift einmal als zurückgezogen lebenden Magnaten beschrieben hat. Mir war er eher als Gourmet der Spitzenklasse vertraut; als ein Mann, der sein Abendessen so wichtig nimmt wie andere Männer die Politik. In der Küche ist Frank wie ein Jagdhund auf der Fährte; er schnuppert herum, späht in blubbernde Töpfe und ist vor Erregung ganz zittrig. Der Geruch eines üppigen *cassoulet* versetzt ihn in Trance. Meine Frau behauptet, sie habe selten für einen so dankbaren Esser gekocht.

In seiner Stimme klang ein Hauch von Besorgnis mit, als er den Grund seines Anrufs erklärte.

»Wir haben März«, sagte er, »ich mache mir Sorgen wegen der Trüffel. Sind noch welche zu haben?«

Im März klingt die Trüffelsaison aus. In unserer Umgebung, und wir waren nicht weit vom Trüffelland in den Fußhügeln des Mont Ventoux entfernt, waren die Händler von den Märkten verschwunden. Ich ließ Frank wissen, daß er vielleicht doch ein wenig zu lang gewartet habe.

Entsetztes Schweigen, als er sich der drohenden gastronomischen Entbehrung bewußt wurde, der er sich nun ausgesetzt sah – keine Trüffelomelettes, keine Trüffel *en croûte*, kein mit Trüffeln gespickter Schweinebraten.

»Es gibt nur einen Mann«, sagte ich, »der vielleicht noch ein paar haben könnte. Ich könnte es versuchen.«

Frank schnurrte. »Ausgezeichnet, ausgezeichnet. Nur ein paar Kilo. Ich werde sie in Eierkartons abpacken und im Tiefkühlschrank aufbewahren: Trüffel für den Frühling, Trüffel für den Sommer. Nur ein paar Kilo.«

Zwei Kilo frische Trüffel hätten zu gängigen Pariser Preisen über dreitausend Mark gekostet. Selbst in der Provence – unter Umgehung aller Mittelsmänner, also bei Direktkauf von den Trüffeljägern mit ihren schmutzigen Stiefeln und Lederhauthänden – bedeuteten sie eine recht hübsche Investition. Ich fragte Frank, ob er tatsächlich zwei Kilo Trüffel haben wollte.

»Der Gedanke, daß sie mir ausgehen könnten, ist mir unerträglich«, erwiderte Frank. »Sieh mal zu, was sich machen läßt.«

Mein einziger direkter Kontakt zur Trüffelbranche bestand aus einer Telefonnummer, die mir der Chef eines Restaurants in der Nähe auf die Rückseite einer Rechnung gekritzelt hatte. Er hatte uns versichert, das sei, wenn es um Trüffel ginge, *un homme sérieux*, ein Mann von absoluter Integrität – die in der Welt des Trüffelhandels nicht immer gegeben ist, wo kleinere Schwindeleien, Gerüchten zufolge, so häufig sind wie Sonnentage in Aix. Ich hatte Geschichten von Trüffeln gehört, die zur Erhöhung des Gewichts mit Schrotkörnern versetzt oder mit Dreck eingerieben worden waren, und – schlimmer noch – von minderwertigen Trüffeln aus Italien, die als heimische Ware verkauft worden waren. Ohne zuverlässigen Lieferanten konnte man in ziemlich teuren Ärger geraten.

Ich wählte die Nummer und nannte dem Mann den Namen

des Chefs, von dem ich sie hatte – worauf ein *Ah, oui* als Antwort kam. Die Beglaubigung war akzeptiert. Was er für mich tun könnte?

Ein paar Trüffel? Vielleicht zwei Kilogramm?

»*Oh là là*«, meinte die Stimme. »Gehört Ihnen ein Restaurant?«

Nein, erwiderte ich, ich kaufe im Auftrag eines englischen Freundes.

»Für einen Engländer? *Mon Dieu*.«

Nachdem er eine Zeitlang an seinen Zähnen gelutscht und die immensen Schwierigkeiten angedeutet hatte, ohne die so spät in der Saison so viele Trüffel nun einmal nicht zu finden seien, versprach Monsieur X (sein *nom de truffe*), mit seinen Hunden in die Berge zu gehen und nach Trüffeln zu suchen. Er würde mir Bescheid geben; schnell wäre die Angelegenheit allerdings nicht zu erledigen. Ich solle in der Nähe des Telefons bleiben und warten.

Eine Woche verging. Die zweite war fast schon vorbei, als das Telefon läutete.

Eine Stimme sagte: »Ich habe, was Sie wollen. Wir könnten uns für morgen abend verabreden.«

Er bat mich, um sechs Uhr bei einer Telefonkabine auf der Straße nach Carpentras zu sein. Was für ein Modell mein Auto sei? Welche Farbe? Ein wichtiger Punkt: Schecks würden nicht akzeptiert. Bares, so hieß es, sei angenehmer. (Was, wie ich später entdecken sollte, im Trüffelhandel die Norm ist. Diese Händler halten nichts von Papierkram, stellen keine Quittungen aus und finden die Idee einer Einkommensteuer lächerlich.)

Ich traf kurz vor sechs bei der Telefonzelle ein. Die Straße lag leer und verlassen vor mir; das dicke Bündel Geldscheine in meiner Tasche machte mich ein wenig nervös. Die Zeitungen waren voll gewesen mit Berichten über Raubüberfälle und sonstige Unannehmlichkeiten auf den unbelebten Straßen im Vaucluse. Laut dem Kriminalreporter von *Le Provençal* trieben Banden von *voyous* ihr Unwesen; kluge Bürger blieben zu Hause.

Was hatte ich mit einer Salamirolle aus 500-Franc-Scheinen hier im Dunkeln zu suchen? War ich etwa keine wehrlose Zielscheibe? Ich suchte im Auto nach einer Verteidigungswaffe, fand aber nichts Brauchbareres als einen Einkaufskorb und eine alte Ausgabe des *Guide Michelin*.

Zehn endlose Minuten verstrichen, ehe ich ein Paar Scheinwerfer sah. Ein verbeulter Citroën-Lieferwagen keuchte heran und hielt auf der anderen Seite der Telefonzelle. Der Fahrer und ich musterten einander heimlich vom sicheren Terrain unserer Wagen aus. Er war allein. Ich stieg aus.

Ich hatte einen alten Bauern mit schwarzen Zähnen, Stoffstiefeln und Schurkengesicht erwartet, doch Monsieur X war ein junger Mann mit kurzgeschnittenem Haar und einem ordentlichen Schnurrbart. Er sah nett aus. Er grinste sogar, als er meine Hand schüttelte.

»Sie hätten mein Haus im Dunkeln nie gefunden«, sagte er. »Fahren Sie hinter mir her.«

Wir fuhren los und verließen die Hauptstraße, um in einen gewundenen, steinigen Weg abzubiegen, der tiefer und tiefer in die Berge führte. Monsieur X fuhr, als ob er über die *autoroute* rase; ich holperte und schaukelte hinter ihm her. Schließlich drehte er durch eine schmale Toreinfahrt ab und parkte vor einem unbeleuchteten Haus, das von Krüppeleichen umstanden war. Als ich die Wagentür öffnete, tauchte aus dem Schatten ein großer Schäferhund auf und beschnüffelte nachdenklich mein Bein. Ich hoffte, daß er zu fressen bekommen hatte.

Wir waren kaum durch die Haustür getreten, da konnte ich Trüffel riechen – diesen reifen, ein wenig faulen Geruch, der außer Glas und Aluminium alles durchdringt. Selbst Eier, die mit einer Trüffel lagern, werden nach Trüffeln schmecken. Und da standen sie auch, mitten auf dem Küchentisch, in einem alten Korb: schwarz, knorrig, häßlich, köstlich – und teuer.

»*Voilà!*« Monsieur X hielt mir den Korb unter die Nase. »Ich habe den Dreck abgebürstet. Erst unmittelbar vor Genuß waschen!«

Er ging zu einem Schrank und holte eine uralte Waage, die er an einem Haken am Balken über dem Tisch aufhängte. Mit Fingerdruck prüfte er eine Trüffel nach der anderen, um sicherzugehen, daß sie auch noch fest waren, um sie dann auf die geschwärzte Waagschale zu legen, und beim Wiegen erzählte er mir von einem neuen Experiment. Er hatte sich ein kleines vietnamesisches Schwein gekauft, das er zu einem Trüffelfinder *extraordinaire* ausbilden zu können hoffte. Schweine hatten einen empfindlicheren Geruchssinn als Hunde, wie er sagte. Da ein gewöhnliches Schwein jedoch die Größe eines kleinen Traktors habe, sei es für Fahrten in die Trüffelgründe unterhalb des Mont Ventoux kein idealer unauffälliger Reisebegleiter.

Die Zeiger der Waage zitterten und blieben schließlich bei zwei Kilo stehen. Monsieur X packte die Trüffel in zwei Leinensäckchen. Er leckte den Daumen und zählte das Bargeld, das ich ihm überreichte.

»*C'est bieng.*« Er holte eine Flasche *marc* und zwei Gläser. Wir tranken auf den Erfolg seines Trainingsprogramms für das Schwein. Ich müsse ihn während der nächsten Saison einmal begleiten, meinte er, und das Schwein bei der Arbeit beobachten. Es bedeute einen Riesenfortschritt in der Technologie des Aufspürens von Trüffeln – *le super-cochon*. Zum Abschied schenkte er mir eine Handvoll winziger Trüffel und sein Omelett-Rezept und wünschte mir *bon voyage* nach London.

Der Duft der Trüffel begleitete mich auf der Heimfahrt. Am nächsten Tag roch mein Flugköfferchen nach Trüffeln, und als das Flugzeug in Heathrow landete und ich mich geistig darauf einstellte, mein Handgepäck am Röntgenblick des britischen Zolls vorbeizubringen, drang ein betörender Duft aus der Gepäckablage über mir. Andere Reisende musterten mich neugierig und drückten sich zur Seite, als ob ich einen ansteckenden, tödlichen Mundgeruch hätte.

Es war in der Zeit von Edwina Curries Salmonellen-Alarm. Ich sah mich schon von einer Meute von Suchhunden umzingelt und wegen des Imports exotischer Substanzen, die eine Gefahr für die Volksgesundheit bedeuten, in Quarantäne gesteckt. Ich spazierte durch den Zoll. Da blähte sich keine Nase. Aber der Taxifahrer war zutiefst mißtrauisch.

»Lieber Himmel«, sagte er. »Was haben Sie denn bei sich?«

»Trüffel.«

»Ach so. Trüffel. Wohl schon lange tot, was?«

Er schob die Trennwand zwischen dem Fahrersitz und dem hinteren Abteil für die Fahrgäste zu, und deshalb blieb mir der übliche Monolog der Taxifahrer erspart. Als er mich vor Franks Haus absetzte, ließ er es sich nicht nehmen, selbst auszusteigen und die Fenster hinten zu öffnen.

An der Haustür hieß mich der zurückgezogen lebende Magnat höchstpersönlich willkommen und stürzte sich auf die

Trüffel. Er ließ das Leinensäckchen am Eßtisch herumgehen – einige Gäste wußten nicht so recht, *was* sie da riechen sollten – und beorderte dann seinen häuslichen Oberkommandierenden aus der Küche: einen Schotten von so statuenhaften Dimensionen, daß ich an ihn stets als an den General-Domo denke.
»Ich denke, wir sollten uns sofort um sie kümmern, Vaughan«, sagte Frank.
Vaughan hob die Brauen und zog genießerisch die Luft ein. Er wußte, was sich in dem Säckchen befand.
»Ah«, meinte er, »die gute, alte Trüffel. Sie kommt gerade rechtzeitig für die *foie gras* morgen.«
Monsieur X wäre zufrieden gewesen.

Es war ein seltsames Gefühl, nach zweijähriger Abwesenheit wieder einmal in London zu sein. Ich kam mir fremd und fehl am Platz vor und war erstaunt, wie sehr ich mich verändert hatte. Oder hatte sich London verändert? Man redete hier unentwegt über Geld, Immobilienpreise, den Börsenmarkt und die eine oder andere Finanzakrobatik der Konzerne. Das Wetter, einst ein traditionelles englisches Klagethema, wurde nie erwähnt – was mir nur recht sein konnte. Das hatte sich nämlich nicht geändert, und die Tage vergingen in der Verschwommenheit des grauen Nieselregens, und die Menschen auf der Straße duckten sich gegen das kontinuierliche Getropfe von oben. Der Verkehr kam kaum von der Stelle; die meisten Fahrer schienen es nicht einmal zu bemerken, sie waren am Autotelefon in Gespräche vertieft, es ging wahrscheinlich um Geld und Immobilienpreise.
Mir fehlte das Licht und das Raumgefühl und der weite, offene Himmel der Provence, und mir wurde klar, daß ich

freiwillig nie mehr zurückkommen und in einer Großstadt leben würde.
Auf dem Weg zum Flughafen fragte der Taxifahrer, wohin ich denn fliege, und als ich sagte, wohin, da hat er verständnisvoll genickt.
»Ich bin mal da unten gewesen«, sagte er. »In Fréjus, mit dem Wohnwagen. Verdammt teuer.«
Dann verlangte er für die Fahrt fünfundzwanzig Pfund Sterling. Er wünschte mir noch einen guten Flug und warnte mich vor dem Genuß frischen Wassers – das habe ihn in Fréjus umgeworfen. Drei Tage im Bett, sagte er. Hätte seine Frau da geschimpft.
Ich entfloh dem Winter und flog in den Frühling hinein und passierte die ungeheuer lockeren Kontrollen bei der Ankunft – was ich nie verstehe: Marseille ist angeblich das Zentrum, über das die Hälfte des europäischen Drogenhandels abgewickelt wird, doch Passagiere mit Haschisch, Kokain, Heroin, englischem Cheddar oder irgendeinem anderen Schmuggelgut im Handgepäck können den Flughafen verlassen, ohne durch den Zoll zu müssen. Es war, wie das Wetter, ein totaler Gegensatz zu Heathrow.

Monsieur X war erfreut zu hören, wie willkommen seine zwei Kilo Trüffel in London gewesen waren.
»Ihr Freund ist ein *amateur*? Ein wahrer Trüffelliebhaber?«
Doch, das sei er, aber einige seiner Freunde hätten wegen des Geruchs die Nase gerümpft.
Ich konnte am Telefon fast hören, wie er die Schultern zuckte. Der Geruch sei ein wenig eigen, er gefalle nicht jedem. *Tant mieux* für die, denen er gefalle. Er lachte. Seine Stimme wurde vertraulich.

»Ich habe Ihnen etwas zu zeigen«, sagte er. »Einen Film, den ich selbst gedreht habe. Wir könnten zusammen *marc* trinken und ihn uns ansehen, wenn Sie wollen.«

Als ich sein Haus schließlich fand, begrüßte sein Schäferhund mich wie einen lang verlorenen Knochen. Monsieur X befreite mich, indem er den Hund anzischte, wie ich es bereits bei Jägern im Wald gehört hatte.

»Er will nur spielen«, sagte er. Auch das hatte ich schon einmal gehört.

Ich folgte ihm ins Haus, in die kühle, trüffelduftende Küche, und er goß uns zwei Trinkgläser *marc* ein. Ich solle Alain zu ihm sagen – er sprach seinen Namen mit einem zünftigen provenzalischen Näseln aus: *Alang*. Wir begaben uns ins Wohnzimmer, wo die Fensterläden gegen das Sonnenlicht zugezogen waren, und er hockte sich vor seinen Fernseher, um die Kassette ins Videogerät zu schieben.

»*Voilà!*« sagte Alain. »Es ist kein Truffaut, aber ich habe einen Freund, dem eine Videokamera gehört. Ich möchte einen zweiten drehen, den aber ein bißchen mehr *professionnel.*«

Dann setzte die Leitmusik ein, aus dem Film *Jean de Florette*, und auf dem Fernsehschirm erschien ein Bild: Alain, von hinten, stieg mit zwei Hunden einen felsigen Hügel hinauf; fern im Hintergrund weiße Gipfel des Mont Ventoux. Der Titel rückte ins Bild: *Rabasses de Ma Colline*. Alain erläuterte: *Rabasses* sei der provenzalische Ausdruck für Trüffel.

Trotz der leicht zittrigen Hand des Kameramanns und einer gewissen Abruptheit bei den Schnitten war es ein faszinierender Film. Man sah die Hunde zunächst zaghaft schnüffeln, dann kratzen und endlich energisch graben, bis Alain sie beiseite schob und mit enormer Sorgfalt in den aufgelockerten Erdboden griff. Jedesmal, wenn er eine Trüffel fand, erhielten die Hunde zur Belohnung einen Keks oder ein Stückchen Wurst, und die Kamera zoomte ruckartig für eine Nahaufnahme auf die mit Erde bedeckte Hand, die einen mit Erde bedeckten Klumpen hielt. Es war ein Stummfilm. Alain kommentierte die Bildfolgen live.

»Sie arbeitet gut, die Kleine«, sagte Alain, als eine kleine Hündin unbestimmter Rasse den Wurzelbereich einer Trüffeleiche inspizierte, »aber sie wird alt.« Sie begann zu graben; Alain kam ins Bild. Es gab eine Nahaufnahme einer schmutzigen Hundenase; Alain drückte den Kopf der Hündin weg. Seine Finger durchsuchten die Erde, entfernten Steine, gruben geduldig nach – bis er ein fünfzehn Zentimeter tiefes Loch ausgehoben hatte.

Ein abrupter Filmschnitt – das hungrige, wache Gesicht eines Frettchens. Alain stand auf und drückte die Vorspultaste des Videogeräts. »Das ist bloß eine Kaninchenjagd«, sagte er, »aber ich habe da noch etwas. Was man heute nicht mehr oft zu sehen bekommt. Es wird bald ganz der Geschichte angehören.«

Als auf dem Bildschirm das Frettchen mit einem gewissen Widerstand in einen Rucksack gesteckt wurde, spulte Alain den Film langsamer vor. Wieder ein plötzlicher Schnitt – eine Gruppe von Eichen. Ein Citroën-2CV-Lieferwagen schaukelte ins Bild und hielt an; ein uralter Mann mit einer Stoffmütze auf dem Kopf stieg in einer blauen Jacke aus, die ihre Form verloren hatte, lachte in die Kamera und begab sich langsam hinter den Lieferwagen. Er machte die Tür auf und zog eine primitive Holzrampe aus. Er schaute zur Kamera und lachte erneut, bevor er in den Wagen hineingriff. Er richtete sich auf, hielt das Ende eines Seils in der Hand, lachte noch einmal und begann zu ziehen.

Der Lieferwagen schwankte. Heraus kam, zentimeterweise, das schmutzigrosa Profil eines Schweinskopfes. Der alte Mann zerrte von neuem, fester, und das arme Geschöpf schlitterte unsicher über die Rampe auf die Erde und blinzelte. Die Ohren zuckten. Ich rechnete schon damit, daß es, dem Beispiel seines Herrn folgend, in die Kamera grienen würde, aber es stand einfach nur da in der Sonne, riesig, träge und ohne sich etwas auf seine Starrolle einzubilden.

»Letztes Jahr«, sagte Alain, »hat dieses Schwein beinahe dreihundert Kilo Trüffel gefunden. *Un bon paquet.*«

Ich konnte es kaum glauben. Da sah ich ein Tier vor mir, das in einem Jahr – und das völlig ohne Zuhilfenahme eines Autotelefons – mehr verdient hatte als die meisten Manager in London.

Wie auf einem ziellosen Spaziergang wanderten der alte Mann und das Schwein in den Schatten der Bäume: zwei rundliche Gestalten mit Lichttupfern von der Wintersonne. Der Bildschirm verdunkelte sich. Die Kamera fuhr zu einer Nahaufnahme von ein Paar Stiefeln heran und über ein Stück Erde. Eine schmutzige Schnauze von der Größe einer Regenrinne schob sich ins Bild – das Schwein machte sich an die Arbeit, seine Schnute bewegte sich rhythmisch hin und her, die Ohren hingen ihm über die Augen: Es war eine Maschine, geschaffen, das Erdreich zu bewegen.

Der Kopf des Schweins ruckte. Die Kamera fuhr zurück, um den alten Mann zu zeigen, der am Seil zerrte. Das Schwein ließ sich von dem offenbar höchst verführerischen Geruch nur widerwillig wegziehen.

»Für ein Schwein«, sagte Alain, »ist der Geruch von Trüffeln ein sexueller Reiz. Deshalb kann man es oft nur mit größter Mühe zum Weggehen überreden.«

Der alte Mann hatte kein Glück mit dem Seil. Er bückte sich und lehnte sich mit der Schulter gegen die Flanke des Schweins, und die beiden drückten eine Zeitlang gegeneinander, bis endlich das Schwein nachgab. Der alte Mann griff in seine Tasche und schob dem Schwein etwas ins Maul. Er würde es doch wohl nicht etwa mit Trüffeln zu fünfzig Francs pro Biß füttern?

»Eicheln«, sagte Alain. »Und jetzt aufgepaßt!«

Der kniende Alte richtete sich von der Erde auf und drehte sich mit einer ausgestreckten Hand zur Kamera hin. In der Hand lag eine Trüffel, etwas größer als ein Golfball; im Hintergrund war das lächelnde Gesicht des alten Bauern zu sehen. Seine goldenen Zahnkronen funkelten in der Sonne. Die Trüffel verschwand in einem fleckigen Seetuchtornister, und der Bauer führte sein Schwein zum nächsten Baum. Die Bildfolge endete mit einem Schnappschuß vom Alten, der beide Hände ausstreckte, die voll waren mit verdreckten Klumpen: die Arbeit eines erfolgreichen Morgens.

Ich freute mich schon auf die Bilder, wie das Schwein wieder in den Lieferwagen bugsiert würde, wozu, dachte ich mir, List, Geschicklichkeit und eine Menge Eicheln erforderlich sein müßten. Statt dessen endete der Film jedoch mit einer langen Aufnahme des Mont Ventoux und noch ein bißchen Filmmusik aus *Jean de Florette*.

»Da sehen Sie das Problem mit einem gewöhnlichen Tier«, sagte Alain. In der Tat. »Mein vietnamesisches Schwein wird hoffentlich den gleichen Spürsinn haben, aber ohne ...« Er breitete die Arme aus, um die Größe anzudeuten. »Kommen Sie. Ich zeige es Ihnen. Es hat einen englischen Namen. Es heißt Peegy.«

Peegy lebte in einer Einzäunung gleich neben Alains beiden

Hunden. Die Sau war kaum größer als ein fetter Corgi, schwarz, mit Hängebauch, und scheu. Wir lehnten uns auf den Zaun, um sie eingehend zu betrachten. Sie grunzte, drehte uns den Rücken zu und rollte sich in der Ecke zusammen. Alain behauptete, sie sei äußerst liebenswürdig. Der Winter sei vorbei, da habe er Zeit, er wolle jetzt mit der Ausbildung beginnen. Ich fragte ihn, wie er sie trainieren wolle.

»Mit Geduld«, antwortete Alain. »Ich habe den Schäferhund zum *chien truffier* ausgebildet, obwohl ihm dazu der Instinkt fehlt. Da muß es doch auch bei einem Schwein möglich sein.«

Ich würde das Schwein liebend gern bei der Arbeit sehen, sagte ich, und Alain lud mich für den kommenden Winter zu einem Jagdtag unter den Trüffeleichen ein. Er war das genaue Gegenteil zu den mißtrauischen, heimlichtuerischen Bauern, die im Vaucluse den Trüffelhandel in der Hand haben sollen. Alain war ein Enthusiast, der seine Begeisterung gern mit anderen teilte.

Zum Abschied schenkte er mir einen Poster, der einen Meilenstein in der Geschichte der Trüffel ankündigte. Im Dorf Bédoin am Fuß des Mont Ventoux sollte ein Weltrekord aufgestellt werden: das größte Trüffelomelett aller Zeiten sollte »*enregistrée comme record mondial au* Guinness-Buch der Rekorde« werden. Die Zahlen waren grandios: In einer Omelettpfanne von zehn Metern Durchmesser sollten – vermutlich von einer Mannschaft provenzalischer Riesen – 70 000 Eier, 100 Kilo Trüffel, 100 Liter Öl, 11 Kilo Salz und 6 Kilo Pfeffer hin und her geworfen werden. Der Erlös sollte wohltätigen Zwecken zugute kommen. Es würde ein denkwürdiger Tag, meinte Alain. Im Augenblick stehe man in Verhandlungen über eine Flotte von Betonmixern, welche unter der Aufsicht einiger besonders angesehener *Chefs* der Provence die Zutaten zur richtigen Konsistenz verrühren sollten.

Das sei aber nicht die Art von Ereignis, das man normalerweise mit dem Trüffelhandel verbinde, wandte ich ein: Es sei zu öffentlich, zu offen, ganz und gar nicht wie die dunklen Geschäfte, die, wie gemunkelt würde, in den Hintergassen und auf den Märkten stattfänden.

»Ach die«, meinte Alain. »Sie haben recht, es gibt da gewisse Leute, die sind ein wenig ...« er machte mit der Hand eine Schlängelbewegung, *»serpentin.«* Er grinste mich an. »Beim nächsten Mal werde ich Ihnen da ein paar Geschichten erzählen.«

Er winkte zum Abschied, und auf der Heimfahrt überlegte ich, ob ich Frank überreden könnte, aus London herüberzufliegen, um dem Versuch beizuwohnen, einen Weltrekord für Trüffelomeletts zu erzielen. Es wäre genau die Art von gastronomischer Kuriosität, die ihm gefallen würde, und sein General-Domo Vaughan müßte natürlich auch mitkommen. Ich sah ihn vor mir, in seiner tadellosen Trüffel-Bekleidung, sah ihn Anweisungen geben, während die Betonmixer die Zutaten verrührten: »Noch einen Eimer Pfeffer, dort, *mon bonhomme*, wenn's recht ist.« Vielleicht könnte ich für ihn eine *Chef*mütze auftreiben, die zu seinem Clan-Tartan und den entsprechenden schottischen Hosen passen würde. Ich kam zu der Einsicht, es sei wohl doch besser, wenn ich am Nachmittag keinen *marc* tränke. Er bringt einen auf komische Gedanken.

Napoléons hinten im Garten

An einem Ende des Swimmingpools hatten unsere Bauleute auf einem langen, niedrigen Haufen eine Ansammlung von Souvenirs an ihre Arbeit an unserem Haus zurückgelassen. Schutt und geborstene Steinplatten, alte Lichtschalter und verbogener Leitungsdraht, Bierflaschen und zersprungene Fliesen. Eines schönen Tages sollten Didier und Claude mit einem leeren Laster zurückkommen und den ganzen Schrott fortschaffen, so war es geplant; dann würde dieses Stückchen Land *impeccable* sein, und wir könnten die geplante Rosenallee anpflanzen.

Aber aus irgendeinem Grund war der Laster nie leer, oder Claude hatte sich einen Zeh gebrochen, oder Didier hatte irgendwo in den Basses-Alpes eine Ruine abzureißen, und der Souvenirhaufen blieb am Ende des Schwimmbeckens liegen. Mit der Zeit wurde er sogar recht hübsch: eine zwanglose Felsgruppe, die durch einen kräftigen Überwuchs von Unkraut mit Zugaben von Mohnblumen ein gefälliges Äußeres bekam. Ich meinte zu meiner Frau, das Ganze besitze einen gewissen unerwarteten Charme. Davon war sie nicht überzeugt. Sie wandte ein, daß Rosen im allgemeinen als reizvoller gelten als Schutt und Bierflaschen. Ich begann, den Haufen wegzuräumen.

Mir macht manuelle Arbeit Spaß. Ich mag die rhythmische Bewegung und schätze das Gefühl, aus einem vernachlässig-

ten, unordentlichen Haufen unter meinen Händen Ordnung erwachsen zu sehen. Nach ein paar Wochen stieß ich zur nackten Erde durch. Mit Blasen an den Händen zog ich mich voller Triumph zurück. Meine Frau war hocherfreut. Jetzt, betonte sie, müßten nur noch zwei Gräben ausgehoben und fünfzig Kilo Dünger herbeigeschafft werden und schon könnten wir pflanzen. Sie studierte den Rosenkatalog. Ich pflegte meine Blasen und ging mir eine neue Spitzhacke kaufen.
Ich hatte etwa drei Meter hartgepreßter Erde aufgelockert, als ich unter den Unkrautwurzeln etwas schmutziges Gelbes aufleuchten sah. Offenbar hatte ein längst verstorbener Bauer vor vielen, vielen Jahren hier an einem heißen Nachmittag eine leere *pastis*-Flasche weggeworfen. Als ich die Erde wegkratzte, entdeckte ich allerdings keinen antiken Flaschendeckel. Es war eine Münze. Ich spülte sie mit dem Schlauch ab. Das war Gold, was da in der Sonne glänzte. Die Wassertropfen tropften von einem bärtigen Profil.
Es war ein 20-Franc-Stück aus dem Jahr 1857. Auf einer Seite befand sich der Kopf Napoléons III. mit seinem gepflegten Ziegenbärtchen; dem Namen gegenüber war in markanter Schrift seine gesellschaftliche Funktion eingeprägt – *Empereur*. Auf der Rückseite: Ein Lorbeerkranz, gekrönt mit weiteren markanten Buchstaben zur Verkündung des *Empire Français*. Am Rand der Münze stand die beruhigende Feststellung geschrieben, deren Wahrheit jedem Franzosen vertraut ist: *Dieu protège la France*.
Meine Frau war nicht minder begeistert als ich. »Da gibt's vielleicht noch mehr«, sagte sie. »Grab weiter.«
Zehn Minuten später fand ich eine zweite Münze, wieder ein 20-Franc-Stück, diesmal aus dem Jahr 1869, und die Jahre hatte Napoléons Profil nicht im geringsten gezeichnet; nur

daß seinem Haupte ein Kranz entsprossen war. Ich stand in dem Loch, das ich gegraben hatte und kalkulierte. Ich hatte noch zwanzig Meter Graben auszuheben. Bei der momentanen Fundrate von einer Münze pro Meter besäßen wir am Ende möglicherweise eine ganze Tasche voller *Napoléons* und könnten uns eventuell sogar ein Mittagessen im *Beaumanière* in Les Baux leisten. Ich schwang die Spitzhacke, bis meine Hände wundgerieben waren, stieß tiefer und tiefer in die Erde hinein und hielt durch den Schweiß auf meinem Gesicht hindurch Ausschau nach einem weiteren Zeichen Napoléons.

Ich war bei Tagesende nicht reicher; das Loch allerdings war tief genug, um einen ausgewachsenen Baum pflanzen zu können, und die Hoffnung auf weitere Funde am nächsten Tag groß. Niemand würde zwei mickerige Münzen vergraben; die beiden waren offensichtlich aus einem prallen Sack gefallen, der in Reichweite meiner Spitzhacke lag: ein Vermögen für den widerspenstigen Gärtner.

Um die Höhe unseres Vermögens abzuschätzen, zogen wir die Wirtschaftsseiten von *Le Provençal* zu Rate. In einem Land, dessen Menschen ihre Ersparnisse in Gold unter der Matratze horten, mußte man eine Münzpreisliste zum Tageswert in der Zeitung finden. Und tatsächlich – wir fanden das Gesuchte zwischen der Listung des Ein-Kilo-Goldbarrens und der mexikanischen 50-Peso-Münze: Napoléons 20 Francs waren inzwischen 396 Francs wert – vielleicht sogar mehr, falls das Profil des alten Knaben wie neu wäre.

Nie ist eine Spitzhacke mit größerer Begeisterung in die Hand genommen worden. So etwas mußte natürlich Faustins Aufmerksamkeit erregen. Auf dem Anmarsch in den Kampf gegen Mehltau, von dem er einen Angriff auf seine Reben befürchtete, blieb er stehen, um sich zu erkundigen, was ich vorhätte. Rosen pflanzen, erwiderte ich.

»*Ah bon?* Das müssen aber große Rosen sein, wenn Sie so ein riesiges Loch brauchen. Rosenbäume vielleicht? Aus England? Hier bei uns haben es Rosen schwer. *Tache noire* wo man hinschaut.«

Er schüttelte den Kopf, und mir war klar: Jetzt käme seine Mahnung zur Vorsicht. Faustin hat enge Beziehungen zu allen Arten von Naturkatastrophen und ist glücklich, sein umfassendes, einschlägiges Wissen jedem zur Verfügung zu stellen, der dumm genug ist, mit dem Besten zu rechnen. Um ihn aufzumuntern, erzählte ich ihm von den Goldnapoléons. Er hockte sich auf den Rand des Grabens und schob seine Mütze, die vom Spray gegen Mehltau blau gefärbt war, auf den Hinterkopf, um sich ganz auf die Nachricht zu konzentrieren.

»Wenn man ein oder zwei *Napoléons* findet«, räumte er ein, »so bedeutet das, *normalement*, daß es dort noch mehr gibt. Aber das hier ist kein gutes Versteck.« Er winkte mit seiner großen, braunen Hand in Richtung des Hauses. »Im Brunnen wären sie sicherer gewesen. Oder hinter dem *cheminée*.«

Sie hätten in Eile versteckt worden sein können, schlug ich vor. Faustin schüttelte wieder den Kopf; ich verstand, daß Eile für ihn kein plausibler Begriff war, schon gar nicht, wenn es darum ging, sich eines Sacks voller Gold zu entledigen.

»So *pressé* ist auf dem Land niemand. Nicht mit *Napoléons*. Da hat jemand Pech gehabt und die beiden hier verloren.«

Das sei mein Glück, meinte ich, und mit diesem deprimierenden Gedanken zog Faustin weiter, um im Weinberg nach einer Katastrophe Ausschau zu halten.

Tage vergingen. Die Blasen an meinen Händen blühten auf.

Der Graben wurde länger und tiefer. Es blieb bei den zwei *Napoléons*. Aber irgendwie schien mir das nicht plausibel. Kein Bauer würde mit Goldmünzen in der Tasche zur Arbeit auf dem Felde gehen. Hier mußte sich einfach, ganz in der Nähe, ein *cache* befinden, redete ich mir ein.
Ich beschloß, bei der selbsternannten Autorität zu allen Fragen über das Tal eine zweite Meinung einzuholen, von dem Mann, dem in der Provence nichts verborgen war, dem weisen, käuflichen und durchtriebenen Massot. Falls jemand nur durch ein Schnuppern im Wind und ein Ausspucken auf den Boden raten könnte, wo ein gerissener alter Bauer seine Lebensersparnisse versteckt hatte, dann Massot.
Ich lief durch den Wald zu seinem Haus und hörte das Bellen seiner Hunde, die mit frustrierter Blutgier meine Witterung aufnahmen. Eines Tages würden sie sich von den Ketten losreißen und alles zerfleischen, was sich in diesem Tal bewegt; ich hoffte nur, er würde sein Haus noch vorher verkaufen können und fortziehen.
Massot schlenderte durch das, was er gern als seinen Vorgarten bezeichnete, eine Fläche bloßer, plattgelaufener Erde mit Schmuckstücken von Hundekot und hartnäckigem Unkraut. Er schaute hoch, kniff die Augen gegen das Sonnenlicht und den Rauch seiner fetten gelben Zigarette zusammen und gab einen Grunzlaut von sich.
»On se promène?«
Nein, sagte ich. Heute käme ich, ihn um Rat zu fragen. Er grunzte erneut und trat die Hunde mit Füßen; sie gaben das Bellen auf. Wir standen durch die rostige Kette getrennt, die seinen Besitz vom Waldweg scheidet; ich war nah genug, um seinen wilden Geruch von Knoblauch und schwarzem Tabak zu riechen. Ich berichtete ihm von den beiden Münzen,

woraufhin er sich die Zigarette von seiner Unterlippe abzog und den feuchten Stummel kritisch untersuchte, während die Hunde an ihren Ketten hin und her liefen und ein unterdrücktes Knurren hören ließen.

Er fand an einer Stelle seines verfärbten Schnurrbarts für seine Zigarette eine Bleibe und beugte sich zu mir herüber.

»Wem haben Sie das schon erzählt?« Er schaute über seine Schulter nach hinten, wie um sich zu vergewissern, daß wir allein waren.

»Meiner Frau. Und Faustin. Sonst niemandem.«

»Sagen Sie es keinem«, riet er und klopfte sich mit einem schmutzigen Finger an die Nase. »Es könnte sein, daß es dort noch mehr Münzen gibt. Behalten Sie es für sich.«

Wir liefen zusammen zurück, damit Massot sich die Stelle ansehen konnte, wo ich die beiden Münzen gefunden hatte, und er gab unterwegs eine persönliche Erklärung ab über das leidenschaftliche Interesse, das eine ganze Nation an Gold zeigte. Das sei so seit der Französischen Revolution, behauptete er, und daran seien die Politiker schuld. Erst die Revolution selbst, dann Kaiser, Kriege, unzählige Staatspräsidenten – die meisten von ihnen Kretins, meinte er und spuckte aus – und Geldentwertungen, die hundert Francs über Nacht zu hundert Centimes reduzieren konnten. Kein Wunder, daß der einfache Mann auf dem Land den Papierfetzen nicht traute, die von diesen *salauds* ausgegeben wurden. Gold dagegen – Massot hielt sich die Hände vor die Brust und wühlte mit den Fingern in einem imaginären Berg von *Napoléons* –, Gold zu besitzen war immer gut und in schwierigen Zeiten noch besser. Das allerbeste Gold sei das Gold von toten Menschen, weil Tote sich nicht streiten. Wie glücklich sind wir doch, Sie und ich, sagte Massot, daß wir über eine so unkomplizierte Sache stolpern. Ich hatte offenbar einen Teilhaber gefunden.

Wir standen in dem Graben. Massot zupfte an seinem Schnurrbart und blickte sich um. Der Boden war eben, teils mit Gras bedeckt, teils mit Lavendel. Nirgends eine Stelle, die sich in besonderer Weise als Versteck angeboten hätte; was Massot positiv deutete: ein Platz, der sofort als Versteck erkennbar ist, wäre bereits vor fünfzig Jahren entdeckt und »unser« Gold dann herausgenommen worden. Er kletterte aus dem Graben und schritt die Entfernung zum Brunnen ab, um sich dann auf die Brunnenwand zu setzen.

»Es könnte irgendwo hier sein«, sagte er und umschrieb mit einer Armbewegung etwa fünfzig Quadratmeter. »*Évidemment*, eine so große Fläche können Sie nicht umgraben.« Unsere Teilhaberschaft schloß körperliche Arbeit für ihn offenbar aus. »Was wir brauchen, ist ein *machin* zum Aufspüren von Metall.« Er formte seinen Arm zu einem Metalldetektor und führte ihn mit schwungvollen Bewegungen über das Gras und klickte mit den Fingern. »*Beh oui*. Der wird es entdecken.«

»*Alors, qu'est-ce qu'on fait?*« Massot machte die universelle Geste der Andeutung von Geld: Er rieb Daumen und Zeigefinger gegeneinander. Der geschäftliche Teil hatte begonnen.

Wir kamen überein, daß ich den Graben bis zum Ende ausheben und Massot sich um die Hochtechnologie kümmern, also einen Metalldetektor ausleihen würde.

Ungeklärt waren nur noch die finanziellen Aspekte unserer Partnerschaft. Ich schlug ihm zehn Prozent vor – das sei ein anständiger Preis für die schonende Arbeit mit dem Metalldetektor. Massot meinte, fünfzig Prozent seien ihm lieber. Er müsse nach Cavaillon fahren, um den Metalldetektor zu holen, sich an den Grabenarbeiten beteiligen, falls Gold gefunden würde und, am allerwichtigsten, er sei ein völlig vertrauenswürdiger Partner, der Einzelheiten unseres neuen Wohlstands nicht in der ganzen Nachbarschaft herumerzählen würde. Man müsse alles für sich behalten.

Ich sah ihn an. Er lächelte und nickte. Ich dachte, man könne auf unserer Seite des Gefängnisses von Marseille wohl schwerlich einen des Vertrauens unwürdigeren alten Ganoven finden. Ich sagte: zwanzig Prozent. Er zuckte zusammen, seufzte, schimpfte, ich sei ein *grippe-sous,* und ließ sich zu fünfundzwanzig Prozent herab. Wir gaben uns darauf die Hand, und er spuckte, bevor er ging, einmal in den Graben. Für unser Glück.

Danach habe ich ihn tagelang nicht gesehen. Ich hob den Graben zu Ende aus, schichtete den Dünger ein und pflanzte die Rosen. Der Mann, der sie anlieferte, sagte, ich hätte viel zu tief gegraben und fragte, warum, doch den Grund behielt ich für mich.

Es gibt in der Provence eine weitverbreitete Abneigung gegen alles, was nach Terminabsprachen aussieht. Der Provenzale kommt lieber unangemeldet, statt vorher anzurufen, um sicherzugehen, daß man auch Zeit für ihn hat. Wenn er ankommt, erwartet er, daß man sich die Zeit nimmt für die Annehmlichkeiten eines Drinks und einer Konversation über Gott und die Welt, bevor man sich dem Anlaß für seinen Besuch zuwendet, und wenn man ihm mitteilt, man müsse weg, ist er verständnislos. Wozu die Eile? Eine halbe Stunde spielt doch keine Rolle. Man käme nur zu spät, und das sei doch normal.

Es herrschte schon fast Dämmerung, die Tageszeit *entre chien et loup*, als wir vor unserem Haus einen Lieferwagen anklappern und halten hörten. Wir wollten mit Freunden in Goult zu Abend essen, und deshalb ging ich nach draußen, um den Besucher abzufangen, bevor er die Bar erreichen konnte und dann nicht mehr loszueisen wäre.

Die hintere Tür des Lieferwagens stand weit offen. Er schaukelte seitlich hin und her. Es gab einen dumpfen Laut, als etwas zu Boden knallte, dem folgte ein Fluch. *Putaing!* Es war mein Geschäftspartner, der sich mit einer Spitzhacke herumschlug, die sich im Metallgitter der Hundeabtrennung hinter dem Fahrersitz verfangen hatte. Die Spitzhacke kam nach einer letzten krampfartigen Erschütterung frei, und Massot stürzte, ein wenig rascher als beabsichtigt, rückwärts aus dem Gefährt.

Er trug Tarnhosen, einen mausgrauen Pullover und eine dschungelgrüne Kopfbedeckung aus Restbeständen der Armee, die allesamt ihre besten Zeiten hinter sich hatten. Er sah aus wie ein schlecht bezahlter Söldner, als er seine Geräte auslud und auf dem Boden abstellte – die Spitzhacke, eine Schaufel mit langem Stiel und einen Gegenstand, der in altes Sacktuch gehüllt war. Er sah sich um, ob er beobachtet würde, dann nahm er das Tuch ab und hielt den Metalldetektor in die Höhe.

»*Voilà!* Er ist *haut de gamme,* modernste Ausführung. Er funktioniert bis in drei Meter Tiefe.«

Er stellte ihn an und bewegte ihn über seine Werkzeuge. Und natürlich – er klapperte wie ein aufgeregtes falsches Gebiß, als er eine Schaufel und eine Spitzhacke entdeckte. Massot war entzückt. »*Vous voyez?* Er spricht, wenn er auf Metall stößt. Das ist besser als graben, was?«

Ich sagte, das sei in der Tat eindrucksvoll, und ich würde ihn zur Sicherheit bis morgen im Haus aufbewahren.

»Morgen?« sagte Massot. »Aber wir müssen gleich anfangen.«

Ich wies darauf hin, daß es in einer halben Stunde dunkel sei. Massot nickte geduldig, als ob ich einen äußerst komplizierten Sachverhalt endlich begriffen hätte.

»Genau!« Er stellte den Metalldetektor ab und faßte mich am Arm. »Wir wollen doch nicht, daß uns die ganze Welt beobachtet, oder? Die Art von Arbeit erledigt man am besten nachts. So ist's mehr *discret. Allez!* Bringen Sie die Werkzeuge.«

Da gebe es aber noch eine kleine Schwierigkeit, sagte ich. Meine Frau und ich gingen aus.

Massot blieb wie angewurzelt stehen und starrte mich an. Seine Augenbrauen zogen sich vor Erstaunen in die höchste Höhe.

»Ausgehen? Heut abend? *Jetzt?*«

Meine Frau rief aus dem Haus, wir seien bereits verspätet. Massot kümmerten unsere merkwürdigen Pläne nicht. Er bestand darauf: Es müsse heute abend geschehen. Dann müsse er eben alles allein machen, klagte er. Ob ich ihm eine Taschenlampe leihen könne? Ich zeigte ihm, wie man das Spotlight hinter dem Brunnen anschaltet, das er so lange veränderte, bis es die Stelle am Rosenbeet beleuchtete, und er murmelte irritiert vor sich hin, weil er *tout seul* arbeiten mußte.

Wir hielten auf der Hälfte der Einfahrt an und schauten uns nach Massots verlängertem Schatten um, der sich durch die Bäume bewegte, die in den Schein des Spotlights getaucht waren. In der Abendluft war das Tickern des Metalldetektors laut und deutlich zu hören, und mir kamen Zweifel, ob das Unternehmen auch wirklich geheim bleiben könnte. Wir hätten genausogut am Ende der Einfahrt ein Schild anbringen können mit der Aufschrift MANN SUCHT GOLD.

Wir erzählten unseren Freunden beim Abendessen von der Schatzsuche, die da mehr oder weniger im Schutze der Dunkelheit vor sich ging. Der Mann, der im Lubéron geboren und aufgewachsen ist, gab sich nicht optimistisch. Als die Metalldetektoren aufgekommen seien, seien sie bei der Landbevölkerung zunächst noch beliebter gewesen als Hunde, berichtete er. Man habe auch tatsächlich ein wenig Gold gefunden. Inzwischen sei die Gegend jedoch so gründlich abgesucht worden, daß Massot Glück hätte, wenn er nur ein Hufeisen fände.

Trotzdem, unsere zwei *Napoléons* konnte er nicht in Frage stellen. Sie lagen ja vor ihm auf dem Tisch. Er hob sie auf und klinkerte mit ihnen in der Hand. Wer weiß? Vielleicht hätten wir Glück. Oder vielleicht hätte Massot Glück, und wir würden es nie erfahren. Ob man ihm vertrauen könne? Meine Frau und ich schauten uns an. Wir beschlossen, es sei Zeit für die Heimfahrt.

Mitternacht war gerade vorbei, als wir ankamen. Massots Lieferwagen war fort. Das Spotlight war ausgeschaltet, der Mond jedoch hell genug, so daß wir die großen Erdhügel erkennen konnten, die wild durcheinander aufgeworfen waren, dort, wo wir einen Rasen anzulegen hofften. Wir kamen überein, das volle Ausmaß des Schadens erst am Morgen in Augenschein zu nehmen.

Es war, als hätte ein Riesenmaulwurf in einem Anfall von Platzangst nach Luft geschnappt und Metall ausgespuckt. Da lagen Nägel, Stücke von einem Wagenrad, ein alter Schraubenzieher, eine halbe Sichel, ein Schlüssel von Burgkerkergröße, die Messinghülse einer Gewehrkugel, die zerbröckelnden Überreste eines Hufeisens, Messerklingen, der Boden eines Siebs, Vogelnester aus Drahtballen, unidentifizierbare Klumpen reinen Rosts. Nur kein Gold.

Die meisten neugepflanzten Rosen hatten überlebt, und die Lavendelrabatte war heil. Massot mußte die Begeisterung verloren haben.

Ich ließ ihn bis in den Nachmittag hinein schlafen, bevor ich hinüberging, um mir seinen Bericht über die Nachtarbeit anzuhören. Ich konnte den Metalldetektor schon hören, als ich sein Haus noch längst nicht erreicht hatte, und ich mußte zweimal rufen, bis er von dem Dornbuschhügel aufschaute, den er abtastete. Er fletschte zur Begrüßung seine scheußlichen Zähne. Ich war ganz überrascht, ihn bei so guter Laune zu sehen. Vielleicht hatte er doch etwas gefunden.

»*Salut!*« Er schulterte den Metalldetektor wie ein Gewehr und watete, immer noch lächelnd, durch das Unterholz auf mich zu. Ich sagte ihm, er sähe aus wie ein Mann, der Glück gehabt hätte.

Noch nicht, sagte er. Er habe seine Arbeit in der vergangenen Nacht notgedrungen abbrechen müssen, weil meine Nachbarn sich lauthals über den Lärm beschwert hätten. Ich verstand gar nichts mehr. Deren Haus liegt zweihundert Meter von der Stelle entfernt, wo er gearbeitet hatte. Was er denn gemacht hätte, um sie wachzuhalten?

»*Pas moi!*« erklärte er. »*Lui*«, und klopfte auf den Metalldetektor.

Aber kein Gold, sagte ich.

Massot lehnte sich so nah zu mir herüber, daß ich für eine

Schrecksekunde schon befürchtete, er wolle mich küssen. Seine Stimme sank zu einem unterdrückten Flüstern. »Aber ich weiß, wo es ist.« Er wich zurück und atmete einmal tief durch. »*Beh oui.* Ich weiß, wo es ist.«

Obwohl wir im Wald standen und das nächste menschliche Wesen mindestens einen Kilometer entfernt war, war Massots Sorge, wir könnten belauscht werden, ansteckend. Ich flüsterte ebenfalls.

»Wo ist es?«

»Am Ende der *piscine.*«

»Unter den Rosen?«

»Unter der *dallage.*«

»Unter der *dallage?*«

»*Oui. C'est certaing.* Beim Haupt meiner Großmutter.«

Das war keineswegs die schlichtweg gute Nachricht, für die Massot sie offenbar hielt. Die *dallage* rund um das Schwimmbecken bestand aus fast sechs Zentimeter hohen Steinplatten, die in ein Stahlbetonbett eingebettet worden waren, das genauso tief war wie die Steinplatten hoch. Es würde eine Totaldemontage bedeuten, bevor man ans Erdreich herankäme. Massot ahnte, was mir durch den Kopf ging, und er stellte den Metalldetektor ab, damit er mit beiden Händen reden konnte.

»In Cavaillon«, sagte er, »kann man einen *marteau-piqueur* mieten. Der kommt durch alles durch. *Paf!*«

Er hatte völlig recht. Ein kleiner Preßlufthammer würde die Steinplatten, den Stahlbeton, die Wasserleitungen, die das Becken speisten, und die elektrischen Kabel der Filterpumpe im Nu durchtrennen. *Paf!* Und vielleicht sogar *Boum!* Und wenn sich danach der Staub setzte, hätten wir womöglich nicht mehr als ein weiteres Sichelblatt unserer Sammlung hinzuzufügen. Ich sagte nein. Mit einem Ausdruck unendlichen Bedauerns, aber nein.

Massot nahm es gut auf und freute sich über die Flasche *pastis*, die ich ihm gab, zum Dank für seine Mühe. Von Zeit zu Zeit sehe ich ihn jedoch auf dem Weg hinter dem Haus stehen, wie er auf den Swimmingpool blickt und gedankenverloren an seinem Schnurrbart nagt. Weiß Gott, wozu er in einer trunkenen Nacht fähig wäre, falls ihm zu Weihnachten jemand einen *marteau-piqueur* schenken sollte.

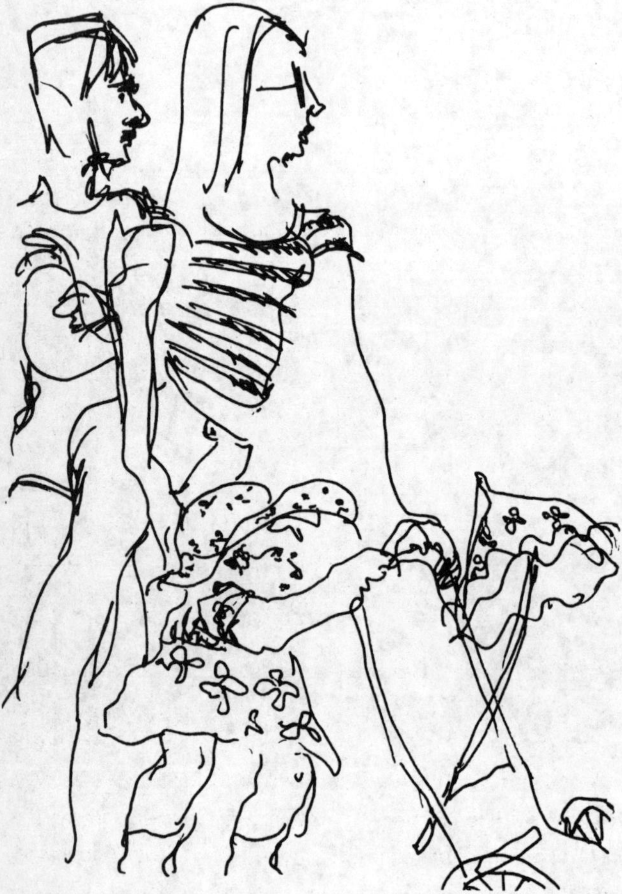

Wie in *Vogue* annonciert

Vielleicht liegt es an Erinnerungen, die er noch immer an sein früheres Leben als heimatloser, hungrig streunender Hund hat, daß Boy jede Gelegenheit nutzt, sich im Haus so angenehm bemerkbar zu machen wie möglich. Er bringt uns Geschenke – ein heruntergefallenes Vogelnest, die Wurzel einer Rebe, eine zur Hälfte durchgekaute *espadrille,* die er versteckt hat, Unterholz aus dem Wald – und deponiert sie mit einer unordentlichen Generosität, mit der er uns, wie er wohl meint, für sich einnehmen kann. Er hilft bei der Hausarbeit, indem er auf dem Fußboden Spuren von Blättern und staubigen Pfotenabdrücken hinterläßt. Er hilft in der Küche, indem er als mobiler Mülleimer für alles Eßbare dient, was von oben herabfällt. Er ist immer in unserer Nähe. Er versucht verzweifelt, laut und ungeschickt zu gefallen.

Seine liebenswürdigen Bemühungen beschränken sich nicht nur auf uns. Er hat eine eigene, unkonventionelle, aber gutgemeinte Form der Begrüßung von Besuchern entwickelt. Er läßt den Tennisball fallen, den er normalerweise in einem Teil seines riesigen Mauls herumträgt. Er drückt sein gleichermaßen riesiges Haupt jedem, der durch die Tür kommt, in die Leistengegend – seine Variante eines kräftigen Händedrucks. Unsere Freunde haben sich daran gewöhnt. Sie lassen sich in der Unterhaltung nicht stören. Boy zieht sich nach

Erfüllung seiner gesellschaftlichen Pflichten zurück, um sich auf das nächststehende Paar Füße fallen zu lassen.
Die Reaktionen auf seine Begrüßung spiegeln mit einiger Genauigkeit den Wechsel der Jahreszeiten. Während des Winters, wenn unsere Gäste Menschen sind, die, wie wir auch, das ganze Jahr über im Lubéron leben, wird der Hundekopf in der Leistengegend ignoriert oder getätschelt, man wischt sich die Blätter und Zweige von den Kordhosen, und das Glas Wein findet ohne Unterbrechung seinen Weg zum Mund. Wenn es statt dessen ein überraschtes Hochschrecken, verschüttete Getränke und nervöse Bemühungen gibt, die forschende Nase von der sauberen, weißen Kleidung fernzuhalten – dann wissen wir: Es ist Sommer, und mit dem Sommer sind die Sommermenschen gekommen.
Es kommen Jahr um Jahr mehr. Sie kommen der Sonne und der Landschaft wegen, wie eh und je: neuerdings aber auch aufgrund von zwei neuen, verführerischen Entwicklungen.
Die erste ist praktischer Natur: Die Provence wird mit jedem Jahr leichter erreichbar. Man spricht davon, daß der TGV-Hochgeschwindigkeits-Expreß die ohnehin schnelle Paris–Avignon-Verbindung noch mal um eine halbe Stunde verkürzt. Der winzige Flughafen vor der Stadt wird vergrößert und zweifelsohne in Kürze bereits als Avignon International firmieren. Vor dem Flughafen von Marseille ist zur Ankündigung von zwei wöchentlichen Direktflügen von und nach New York eine riesige, grüne Imitation der Freiheitsstatue errichtet worden.
Gleichzeitig ist die Provence wieder einmal »entdeckt« worden – und zwar nicht die Provence generell, sondern eben die Städte und Dörfer, wo wir einkaufen gehen und über die Märkte bummeln. Der Trend hat uns eingeholt.

Die Bibel der Schönen Menschen, *Women's Wear Daily,* die in New York die korrekte Rocklänge, die Busennorm und das zulässige Gewicht der Ohrringe bestimmt, ist im letzten Jahr auch nach Saint-Rémy und in den Lubéron vorgestoßen. Die Zeitschrift hat prominente Sommerbewohner vorgeführt, wie sie Auberginen betasten, beim Nippen ihres *kir,* beim Bestaunen der gestutzten Zypressen, auf ihrer Flucht vor allem – aber natürlich immer in Gemeinschaft mit ihresgleichen und mit einem Fotografen als Begleitung – und beim Genießen der Freuden eines einfachen Lebens auf dem Lande.

In der amerikanischen *Vogue* mit ihrer duftenden Parfümreklame – es ist die penetranteste Zeitschrift der Welt – wurde zwischen dem Horoskop der Athena Starwoman und einem Bericht über die Aktualität eines Pariser Bistros ein Artikel über den Lubéron eingeschoben. In der Einleitung des Artikels wurde der Lubéron gepriesen als »das heimliche Südfrankreich« – ein Geheimnis, das zwei Zeilen lang hielt; dann wurde er nämlich auch als populärster Landesteil bezeichnet. Solchen Widerspruch gegenteiliger Aussagen könnte wohl nur ein kompetenter Zeitschriftenredakteur aufklären.

Den Redakteuren der französischen *Vogue* war das Geheimnis natürlich bereits vertraut, ja, sie kannten es seit geraumer Zeit, wie sie dem Leser in der Einleitung ihres Artikels zu verstehen gaben. In überzeugend weltmüdem Ton begannen sie mit der Feststellung: *»Le Lubéron, c'est fini«,* der ein paar abfällige Bemerkungen folgten: Die Gegend sei snobistisch, teuer und insgesamt *démodé.*

Sollten sie das wirklich gemeint haben? Aber mitnichten. Ganz im Gegenteil: Denn der Lubéron lockt offenbar immer noch Pariser und Ausländer an, die, *Vogue* zufolge, oft berühmt sind. (Wie oft? Einmal die Woche? Wöchentlich zweimal? Das wird nicht erwähnt.) Und dann ergeht die Einladung, diese Menschen kennenzulernen: Begleiten Sie uns, sagt *Vogue,* in ihre private Welt.

Ach, ade, private Welt! Auf den nächsten zwölf Seiten werden uns Fotos von den oft Berühmten serviert – mit ihren Kindern, ihren Hunden, ihren Gärten, ihren Freunden und ihren Swimmingpools. Eine Landkarte – *le who's who* – zeigt, wo die schicken Angehörigen der feinen Schichten im Lubéron sich – ziemlich erfolglos, wie es scheint – zu verstecken suchen. Aber aus dem Verstecken wird nichts: Die armen Teufel können ja nicht einmal schwimmen oder etwas trinken, ohne daß ein Fotograf aus dem Gebüsch stürzt, um den Augenblick im Bild festzuhalten, zum Ergötzen der Leser und Leserinnen von *Vogue.*

Unter den Fotos von Künstlern, Schriftstellern, Innenausstattern, Politikern und Tycoons befindet sich das Bild eines Mannes, der, wie die Legende behauptet, sämtliche Häuser im Umkreis kennt und pro Abend drei Einladungen zum Essen annimmt. Nun könnte der Leser ja meinen, das sei auf eine entbehrungsreiche Kindheit zurückzuführen oder auf ein unersättliches Bedürfnis nach *gigot en croûte.* Weit gefehlt. Der Mann tut das aus beruflichen Gründen. Er ist Grundstücksmakler. Er muß wissen, wer nach Immobilien sucht, wer kaufen, wer verkaufen will, und an einem normalen Tag gibt es für ihn nie genug Einladungen, um ihn *au courant* zu halten.

Als Grundstücksmakler im Lubéron führt man ein hektisches Leben, besonders seit die Gegend *à la mode* ist. Die Preise sind aufgebläht wie der Bauch nach einer Mahlzeit mit drei Gängen; selbst in der kurzen Zeitspanne unseres Aufenthalts haben wir Preisentwicklungen erlebt, die mit dem Verstand – und dem Glauben – nicht zu fassen sind. Eine hübsche alte Ruine mit halbem Dach und ein paar Morgen Land wurde Freunden von uns für drei Millionen Francs angeboten. Andere Freunde wollten ihr eigenes Haus errichten, statt ein altes Gemäuer zu modernisieren, und erlitten beinahe einen Herzinfarkt, als der Kostenvoranschlag kam: fünf Millionen Francs. Ein Haus mit großen Möglichkeiten in einem der beliebteren Dörfer? Eine Million Francs.

Die Maklergebühren sind natürlich solchen, mit vielen Nullen verzierten Preisen proportional, wenngleich der konkrete Prozentsatz variiert. Wir haben von Sätzen zwischen drei und acht Prozent gehört, die manchmal vom Verkäufer, manchmal vom Käufer gezahlt werden.

Das kann sich zu einem hübschen Lebensunterhalt addieren. Dem Außenstehenden mag das Maklerdasein eine angenehme Art und Weise des Broterwerbs scheinen; es ist immer interessant, sich Häuser anzuschauen, und Käufer wie Verkäufer sind oft ebenfalls interessiert (nicht immer ehrlich und verläßlich, wie wir noch sehen werden, aber nie langweilig). In der Theorie bietet das *métier*, verbunden mit einer begehrenswerten Ecke der Welt, zwischen den Mahlzeiten einen anregenden und lukrativen Zeitvertreib.

Es ist leider nicht ohne Probleme, und das erste Problem heißt: die Konkurrenz. Das Branchenverzeichnis des Vaucluse enthält allein sechs gelbe Seiten, die mit Makleradressen und -anzeigen gefüllt sind – sie bieten Besitz mit Stil, Besitz mit Charakter, handverlesene Liegenschaften, exklusive Grundstücke, Immobilien von garantiertem Charme: Wer nach einem Haus sucht, hat die Qual der Wahl und mit einer geradezu verwirrenden Terminologie zu kämpfen. Worin besteht der Unterschied zwischen Stil und Charakter? Sollte man nach einem exklusiven oder einem handverlesenen Haus Ausschau halten? Es gibt nur eine Möglichkeit, auf derartige Fragen eine Antwort zu finden – man muß die eigenen Träume nebst Budget der verfügbaren Mittel zu einem Makler mitnehmen und einen Tag, eine Woche inmitten der *bastides,* der *mas*, der *maisons de charme* und der weißen Elefanten verbringen, die zum Verkauf stehen.

Im Lubéron ist ein Makler so problemlos zu finden wie ein Fleischer. Früher hat der Dorfnotar gewußt, ob *Mère* Bertrand ihren alten Bauernhof verkaufen wollte oder ob ein Haus wegen eines Todesfalls leerstand beziehungsweise zu haben war. Heute ist der *notaire* in seiner Eigenschaft als Suchhund für Immobilien weitgehend durch den Makler ersetzt worden. Einen Makler gibt es in jedem Dorf. In Ménerbes haben wir zwei; in Bonnieux arbeiten drei; das mondäne Gordes hat, unserer letzten Zählung zufolge, vier Makler. (In Gordes haben wir die knallharte Konkurrenzsituation erlebt. Ein Makler steckte allen auf der Place du Château geparkten Autos Handzettel unter die Scheibenwischer. Ihm folgte in diskretem Abstand ein zweiter Makler, der diese Prospekte von allen Windschutzscheiben entfernte und durch die eigenen Zettel ersetzte. Leider mußten wir gehen, bevor wir noch beobachten konnten, ob der dritte und der vierte Makler hinter einer Säule standen und auf ihre Chance warteten.)

Die Makler sind zunächst ausnahmslos liebenswürdig und hilfsbereit und haben dicke Dossiers mit Fotos von atemberaubenden Häusern, die gelegentlich sogar zu einem Preis unterhalb siebenstelliger Summen zu haben sind, in solchen Fällen dann allerdings – unweigerlich – leider unmittelbar vor Ihrer Nachfrage verkauft worden sind. Die Dossiers zeigen Mühlen, Konvente, Schäferhütten, grandiose *maisons de maître,* zinnenbewehrte Verruchtheiten und Bauernhöfe in allen Formen und Größen. Welche Auswahl! Und das bei nur einem Makler.

Falls man jedoch noch einen zweiten Makler aufsucht, oder gar einen dritten, bekommt man allzubald ein Gefühl von *déjà vu.* Viele der Häuser kommen einem irgendwie bekannt vor. Die Fotos haben unterschiedliche Blickwinkel, trotzdem – es kann keinen Zweifel geben: Das sind die gleichen Mühlen, Konvente und Bauernhöfe, die man bereits im vorherigen Dossier gesehen hat. Da wird das zweite Problem deutlich, welches das Leben des Maklers im Lubéron erschwert: Es sind einfach nicht genügend Immobilien auf dem Markt.

In den meisten Teilen des Lubéron gibt es recht klare Baubeschränkungen, und bis auf die Bauern, die anscheinend nach Lust und Laune bauen dürfen, werden die Vorschriften praktisch von jedermann beachtet. Die Zahl der Immobilien, die in der Sprache der Makler *beaucoup d'allure* haben, ist deshalb begrenzt. Solch eine Situation weckt Jagdinstinkte, und während der geschäftlich ruhigeren Wintermonate fahren Makler tagelang mit offenen Augen und Ohren durch die Landschaft, auf der Suche nach Hinweisen auf noch unbekannte Juwelen, die in Kürze auf den Markt kommen könnten. Wenn der Makler etwas entdeckt und rasch und mit Nachdruck handelt, hat er die Chance, einen exklusiven Auftrag und somit die volle Provision zu bekommen. In den meisten Fällen arbeitet der Verkäufer jedoch mit zwei oder drei Maklern. Das heikle Problem, wie die Provision zwischen ihnen aufzuteilen sei, überläßt er den Maklern.

Weitere Probleme. Wer hat als erster mit dem Kunden gesprochen? Wer hat den Besitz zuerst gezeigt? Die Makler müssen möglicherweise kooperieren, doch es herrscht eine kaum verschleierte Konkurrenzmentalität, und nichts bringt sie schneller zum Vorschein als ein kleines Mißverständnis über die Teilung der Beute: Beschuldigungen, Gegenvorwürfe, hitzige Telefonate, spitze Kommentare über unethisches Verhalten, letztendlich sogar ein Appell an den Kunden, Schiedsrichter zu spielen – solch unselige Komplikationen haben bekanntermaßen geschäftliche Allianzen zerstört, die so vielversprechend begannen. Der *chère collègue* von gestern kann leicht zum *escroc* von heute werden. *C'est dommage, mais ...*

Der Makler hat noch ein anderes, vielleicht noch schwereres Kreuz zu tragen – die Kunden mit ihrem unberechenbaren, oft dubiosen Verhalten. Wie kann aus dem äußerlich so vertrauenswürdigen, respektierlichen normalen Menschen nur so ein Hai werden? Das hat selbstverständlich viel mit Geld zu tun, aber es gibt hier unten eben auch eine weitverbreitete Neigung zum Handeln um jeden Preis, bis zur letzten Minute auch noch um die letzte Glühbirne feilschen zu wollen, und das ist nicht so sehr eine Frage von Francs und Centimes, dahinter steckt vielmehr der starke Wunsch, zu gewinnen und der Gegenseite ein Schnippchen zu schlagen. Und der Makler sitzt zwischen den Stühlen.

Ein Interesse am Feilschen an sich gibt es vermutlich auf der ganzen Welt, im Lubéron kommt jedoch ein zusätzliches Moment hinzu, das alles kompliziert und die stillen Wasser des Verhandelns trübt. Die potentiellen Käufer sind nach aller Wahrscheinlichkeit Pariser oder Ausländer, die potentiellen Verkäufer meistens *paysans du coin.* Beide treten mit völlig unterschiedlichen Vorstellungen in die Verhandlungen ein – was allen an der Transaktion beteiligten Personen Wochen oder Monate der Verzweiflung bescheren kann.

Der Einheimische tut sich schwer, ein Ja als Antwort zu akzeptieren. Falls ihm der Preis, den er für das alte *mas* seiner Großmutter verlangt, sofort ohne Gerangel zugestanden wird, kommt ihm der Verdacht, daß er einen zu niedrigen Preis angesetzt haben könnte. Das aber würde er sich bis an sein Lebensende nie verzeihen, und seine Frau würde ihm unablässig in den Ohren liegen wegen des höheren Preises, den ein Nachbar für das alte *mas* aus dem Erbe seiner Großmutter erzielt hat. Und genau in dem Moment, wenn die Käufer der Auffassung sind, das *mas* definitiv erworben zu haben, kommen dem Verkäufer Bedenken. Er wünscht gewisse preisliche Anpassungen. Er macht einen Termin mit dem Makler, um bestimmte Details zu klären.

Der Bauer eröffnet dem Makler, möglicherweise habe er vergessen zu erwähnen, daß ein angrenzendes Feld – übrigens genau das Feld, wo sich, wie es das Glück so will, der wasserreiche Brunnen befindet – nicht im Preis mit inbegriffen ist. *Pas grande chose*, aber er meint, darauf hinweisen zu müssen.

Die Käufer sind konsterniert. Keine Frage: Das Feld sei im Preis inbegriffen gewesen, es sei schließlich auf dem gesamten Grundstück auch der einzige Teil, der für einen Tennisplatz groß genug wäre. Ihr Entsetzen wird dem Bauern übermittelt. Der Bauer zuckt nur die Achseln. Was gingen ihn Tennisplätze an? Aber er sei ein vernünftiger Mensch, der mit sich reden lasse. Natürlich würde er sich nur ungern von so fruchtbarem, wertvollem Ackerland trennen, doch über ein gutes Angebot könne er ja vielleicht einmal nachdenken.

Käufer sind gewöhnlich ungeduldig und haben keine Zeit. Sie arbeiten in Paris oder Zürich oder London und können nicht alle paar Tage in den Lubéron reisen. Der Bauer hat es andererseits nie eilig. Er muß ja nicht wieder fort. Wenn sein Besitz in dem Jahr nicht verkauft wird, dann wird er den Preis erhöhen und eben im nächsten Jahr verkaufen.
Hin und her gehen die Argumente; der Makler und die Käufer sind zunehmend irritiert. Wenn es schlußendlich doch zum Kauf gekommen ist – und dazu kommt es in den meisten Fällen –, wollen die neuen Besitzer ihre Ressentiments vergessen. Immerhin gehört ihnen jetzt ein wunderbarer Besitz, ein *maison de rêve*, und deshalb beschließen sie, zur Feier ihres Erwerbs ein Picknick zu veranstalten und den Tag damit zu verbringen, durch die Räume zu gehen und zu besprechen, was sie verändern möchten.
Da müssen sie nun allerdings entdecken, daß etwas nicht so ist, wie es sein sollte. Im Badezimmer ist die hübsche gußeiserne Wanne mit dem Krallenfuß verschwunden. Die Käufer rufen den Makler an. Der Makler telefoniert mit dem Verkäufer; wo die Badewanne geblieben sei?
Die Badewanne? Die Badewanne seiner seligen Großmutter? Das alte Familienerbstück? Hätte etwa jemand erwartet, daß ein so seltenes Objekt, welches doch bloß von sentimentalem Wert sei, im Kauf enthalten wäre? Trotzdem, er sei ein vernünftiger Mensch und ließe sich vielleicht überreden, ein gutes Angebot in Erwägung zu ziehen.
Es sind derartige Vorkommnisse, die die Käufer veranlassen, bei den Vorbereitungen zu einem *acte de vente*, nach dem das Haus ihnen offiziell gehört, jede erdenkliche Vorsicht walten zu lassen – dabei ähneln sie manchmal Rechtsanwälten, die eine verbindliche Rechtsauskunft geben sollen. Da werden

Inventarlisten angefertigt über Fensterläden und Türknöpfe und Spülbecken, von Holzscheiten im Schuppen über Fußbodenfliesen bis hin zum Baumbestand des Gartens. In einem wundervollen Beweis von Mißtrauen wurden sogar die Inventarlisten als unzureichender Schutz gegen mögliche Schikanen in letzter Minute empfunden.

Ein Käufer hatte – in Befürchtung des Schlimmsten – einen ortsansässigen *huissier* oder Rechtspfleger angeheuert, der den Schatten eines Zweifels an der rechtsgültigen Verpflichtung des Verkäufers zum Belassen des Klopapierhalters auf der Toilette ausräumen sollte. Man ist versucht, sich die beiden, Verkäufer und *huissier*, in der Enge des Toilettenraums bei den Formalitäten vorzustellen: »Heben Sie Ihre rechte Hand, und sprechen Sie mir nach: Hiermit schwöre ich feierlich, nachstehend angeführte Einrichtungen unangetastet und funktionsfähig im Hause zu belassen ...« Unglaublich!

Trotz solcher und zahlloser anderer Risiken werden nach wie vor Immobilien verkauft, und zwar zu Preisen, die vor zehn Jahren noch unvorstellbar gewesen wären. Ich habe kürzlich miterlebt, wie ein Makler die Provence begeistert als »das Kalifornien Europas« angepriesen hat, nicht etwa nur wegen des Klimas, sondern auch wegen etwas Undefinierbarem, doch Unwiderstehlichem, das in Kalifornien erfunden worden ist – Lifestyle.

Soweit ich es verfolgen kann, entsteht Lifestyle durch die Umwandlung einer Landgemeinde zu einer Art luxuriösem Ferienlager mit möglichst zahlreichen großstädtischen Errungenschaften inklusive – sofern brachliegende Flächen vorhanden – einem Golfplatz. Falls sich dergleichen auch in unserer Gegend zugetragen haben sollte, so war es mir entgangen, und ich erkundigte mich deshalb beim Makler, wo ich mir ein Bild machen könnte von dem, worüber er spräche. Wo sich das nächstgelegene Lifestyle-Zentrum befände?

Er sah mich an, als wäre ich von einer Zeitwelle begraben gewesen. »Sind Sie in letzter Zeit denn nie nach Gordes gefahren?«

Gordes hatten wir zum erstenmal vor sechzehn Jahren besucht; in einer Region mit vielen schönen Dörfern war es das schönste von allen. Honigfarben thronte es auf einem Hügelkamm, von wo aus man über die Ebene hinweg zum Lubéron sehen kann. Um einen Maklerausdruck zu wählen: Gordes war ein »Juwel«, ein zur Realität gewordenes Dorf aus dem Bilderbuch. Da gab es ein Renaissanceschloß, enge Gassen mit Kopfsteinpflaster und die bescheidenen, lebensnotwendigen Unabdingbarkeiten eines noch unberührten Dorfes: einen Metzger, zwei Bäcker, ein einfaches Hotel, ein dämmeriges Café und ein Postamt, dessen Beamter unserer Überzeugung nach nur aufgrund seiner kompromißlosen Griesgrämigkeit eingestellt worden sein konnte.

Die Landschaft hinter dem Dorf war immer grün – mit Krüppeleichen und Föhren und engen Pfaden, die von trokkenen Steinmauern eingefaßt waren, Wegen, wo man stundenlang laufen konnte, ohne daß ein Haus zu sehen gewesen wäre – höchstens einmal die Andeutung eines alten Ziegeldachs zwischen den Bäumen. Hier seien die Baubeschränkungen so drastisch, hieß es damals, daß Bauen im Grunde verboten wäre.

Das war vor sechzehn Jahren. Heute ist Gordes noch immer schön – jedenfalls aus der Ferne. Doch am Dorfeingang steht neben der Straße eine Leiter, deren Sprossen aus Schildern bestehen, und jedes Schild wirbt für ein Hotel, ein Restaurant, einen *salon de thé* – kurzum: für jeden Komfort und alle Attraktionen, die Besucher erwarten, mit Ausnahme der *toilettes publiques*.

An der Straße stehen, in regelmäßigen Abständen, Imitationen von Straßenlampen des 19. Jahrhunderts; gegen die verwitterten Steinmauern und Häuser wirken sie spitz und fehl am Platz. An der Kurve, wo das Dorf ins Blickfeld tritt, steht immer mindestens ein Auto, dessen Fahrer und Passagiere zum Fotografieren ausgestiegen sind. An der letzten Kurve vor dem Dorf ist eine große Fläche asphaltiert worden – ein Parkplatz. Falls Sie weiterfahren, kommen Sie höchstwahrscheinlich bald wieder zurück: Die *Place du Château*, inzwischen ebenfalls asphaltiert, ist gewöhnlich mit Autos aus ganz Europa vollgeparkt.

Das alte Hotel steht noch, doch direkt nebenan befindet sich ein neues Hotel. Nur ein paar Meter weiter steht ein Schild für Sidney Food, *Spécialiste Modules Fast-Food*. Gleich danach das ehemals heruntergekommene Café – renoviert. Alles ist renoviert und der Griesgram im Postamt in Pension geschickt worden. Die *toilettes publiques* wurden vergrößert. Das Dorf, das früher für seine Bewohner da war, dient heute Besuchern. Es gibt T-Shirts von Gordes – als Beweis, daß man tatsächlich hiergewesen ist.

Nach einem Kilometer steht noch ein Hotel an der Straße hinter Mauern, damit es von außen nicht einzusehen ist, mit einem Landeplatz für Helikopter. In der *garrique* sind die Baubeschränkungen gelockert worden. Ein riesiges Schild mit englischen Untertiteln preist Luxusvillen an mit elektronisch gesichertem Eingang und komplett ausgestatteten Badezimmern zu Preisen ab zweieinhalb Millionen Francs.

Noch fehlen Wegweiser zu den Landhäusern der »oft berühmten« Leute von *Vogue*, so daß die Reisegruppe in den Bussen auf dem Weg zur Abbaye de Sénanque aus dem zwölften Jahrhundert raten müssen, wem das halbversteckte Haus vor ihnen gehört. Eines Tages wird ein unternehmerisch denkender, weitsichtiger Mensch eine Landkarte anfertigen nach dem Beispiel der Hollywood-Führer zu den Residenzen der Filmstars. Dann werden wir uns Kalifornien noch näher fühlen. Jacuzzis und Jogger sind bereits nicht mehr exotisch genug, um Aufmerksamkeit zu erregen, und von den Hügeln her hört man den Aufschlag der Tennisbälle und das schläfrige Gebrumm der Betonmischmaschinen.

Dies alles ist schon oft genug vorgekommen, in anderen Teilen der Welt. Da fühlen die Menschen sich wegen der Schönheit und des Friedens von einer Gegend angezogen, um sie dann zu transformieren – in einen überteuerten Großstadtvorort mit Cocktailpartys, Alarmanlagen, Vierradantrieb-Freizeitfahrzeugen und sonstigen unerläßlichen Nebenprodukten von *la vie rustique*.

Die Einheimischen kümmert es, glaube ich, nicht. Warum auch? Unfruchtbare Streifen Land, die nicht einmal eine Ziegenherde ernährten, sind plötzlich Millionen von Francs wert. Geschäfte, Restaurants und Hotels florieren. *Maçons,* Schreiner, Landschaftsgärtner und Erbauer von Tennisplätzen haben volle Auftragsbücher. Von *le boum* profitieren alle. Touristen zu kultivieren ist wesentlich lohnender, als im Weinberg zu arbeiten.

Ménerbes ist davon noch nicht berührt; jedenfalls nicht auf deutlich spürbare Weise. Das *Café du Progrès* ist immer noch nicht chic. Das kleine, elegante Restaurant, das vor zwei Jahren eröffnete, hat wieder geschlossen. Und mit Ausnahme des kleinen, mondänen Maklerbüros ist das Dorfzentrum so geblieben, wie wir es vor ein paar Jahren zum erstenmal gesehen haben.

Doch Veränderung liegt in der Luft. Ménerbes ist ein Titel zuerkannt worden: *Un des plus beaux villages de France.* Einige Dorfbewohner scheinen plötzlich medienbewußt geworden zu sein.

Meine Frau sah drei alte Damen auf einer Steinmauer in einer Reihe sitzen, und in einer Reihe davor ihre drei Hunde – ein schönes Bild. Meine Frau erkundigte sich, ob sie ein Foto machen dürfe.

Die älteste Dame hat meine Frau angesehen und dachte einen Augenblick nach.

»Zu welchem Zweck?« wollte sie wissen. *Vogue* war bereits dagewesen.

Meist trocken, mit gelegentlichen Bränden

Wie einige in der Landwirtschaft arbeitende Nachbarn im Tal haben wir eine Broschüre abonniert, die die Wetterstation in Carpentras liefert. So erhalten wir zweimal wöchentlich Abzüge mit detaillierten Wettervorhersagen. Sie prophezeien, meistens sehr korrekt, unseren Anteil an Sonne und Regen, die Wahrscheinlichkeit von Stürmen und *mistral* und die Temperaturspannen für den ganzen Vaucluse.

Als die ersten Wochen des Jahres 1989 vorbei waren, begannen die Vorhersagen und Statistiken ominöse Hinweise zu enthalten – das Wetter war nicht so, wie es sein sollte. Es regnete nicht genügend – längst nicht.

Der Winter war mild gewesen. In den Bergen hatte es so wenig geschneit, daß die Frühjahrsschmelze keine Sturzbäche, sondern nur Rinnsale bilden würde. Außerdem war der Winter auch noch trocken gewesen. Im Januar hatte es neuneinhalb Millimeter Niederschlag gegeben; normalerweise sind es knapp über sechzig Millimeter. Der Februar brachte geringe Niederschläge, der März ebenso. Die Sommervorschriften zur Brandverhütung – offene Feuer sind auf den Feldern verboten – wurden vorzeitig in Kraft gesetzt. Der im Vaucluse traditionell nasse Frühling wurde diesmal bloß feucht. In Cavaillon regnete es im Mai nur einen Millimeter; die durchschnittliche Monatsmenge liegt bei etwas über fünfzig; im Juni sieben Millimeter gegenüber einem Durch-

schnittswert von vierundvierzig. Brunnen begannen auszutrocknen; es folgte ein gravierendes Absinken des Wasserstandes der Fontaine de Vaucluse.
Eine Dürreperiode bedrückt die Bauern im Vaucluse wie eine überfällige Schuldenlast. Wenn die Ernte verdorrt und die Erde rissig und krustig wird, nehmen die Gespräche auf den Feldern und auf der Dorfstraße einen düsteren Ton an. Es besteht Brandgefahr – schrecklich, daran denken zu müssen, doch unmöglich, nicht daran zu denken.
Es benötigt nur einen Funken im Wald – eine achtlos weggeworfene Zigarettenkippe, ein schwelendes Streichholz –, und den Rest wird der *mistral* besorgen. Aus dem Flämmchen macht er ein Feuer und aus dem Feuer eine Flammenexplosion, die schneller durch die Bäume jagt, als ein Mensch zu laufen vermag. Wir hatten von einem jungen *pompier* gehört, der im Frühjahr in der Nähe von Murs ums Leben gekommen war. Er hatte die Flammen vor sich gehabt, als ein fliegender Funke – möglicherweise von einem Tannenzapfen, der rotglühend zerplatzte – in den Bäumen hinter ihm landete und ihm den Weg abschnitt. Es war eine Frage von Sekunden.
Das alles ist schon schlimm genug, wenn die Brandursache Zufall ist, doch es ist noch entsetzlicher, wenn Absicht dahintersteckt, und das ist leider häufig der Fall. Die Dürre lockt Pyromanen an, und bessere Bedingungen als im Sommer 1989 hätten sie sich gar nicht wünschen können. Im Frühjahr war ein Mann gegriffen worden, der in der *garrigue* Feuer gelegt hatte. Er war jung, hatte Feuerwehrmann werden wollen und war bei der Feuerwehr abgewiesen worden. Er hat sich mit einer Schachtel Streichhölzer gerächt.
Wir haben einen solchen Feuerschein zum erstenmal an dem

heißen, windigen Abend des 14. Juli wahrgenommen. Über uns nicht ein Wölkchen – der klare, tiefblaue Himmel, wie man ihn bei *mistral* oft erlebt. Er hob den schwarzen Schatten noch stärker hervor, der sich, nur ein paar Meilen jenseits des Tals, über dem Dorf Roussillon ausweitete. Wir standen auf dem Pfad oberhalb des Hauses und schauten hin, als wir das Dröhnen von Motoren vernahmen. Eine Formation von Canadair-Flugzeugen mit Wasser im schweren Bauch flog in niedriger Höhe über den Lubéron. Dann kamen die Helikopter, die *bombardiers de l'eau.* Aus Bonnieux drang das anhaltende Gewimmer der Feuersirenen. Meine Frau und ich schauten nervös nach hinten. Unser Haus ist von der Baumlinie nur hundert Meter entfernt, und für ein gutgefüttertes Feuer mit Sturmwind im Rücken bedeuten hundert Meter gar nichts.

Als die Canadairs an jenem Abend zwischen Brand und Meer schwer und träge hin und her flogen, mußten wir die Möglichkeit in Betracht ziehen, daß das nächste Stück Wald, das in Flammen aufgehen würde, unserem Haus näher liegen könnte. Durch die *pompiers,* die uns mit ihren Kalendern zu Weihnachten besucht hatten, wußten wir, was in solch einem Fall zu tun war: Den Strom abschalten, die Holzläden vor die Fenster ziehen und mit dem Schlauch abspritzen, im Haus bleiben. Wir hatten Witze gemacht über die Vorstellung, mit ein paar Gläsern und einem Korkenzieher in der Hand im Weinkeller Zuflucht zu suchen: Besser betrunken zu sein, als nüchtern geröstet zu werden. Jetzt kam uns die Idee gar nicht lustig vor.

In der Nacht nahm der Wind ab. Das Leuchten über Roussillon hätte nun auch dem Flutlicht über den *boules*-Plätzen zugeschrieben werden können. Wir sahen uns vor dem Schla-

fengehen die Wettervorhersage an. Sie verhieß nichts Gutes: *beau temps très chaud et ensoleillé, mistral fort.*
Einzelheiten über den Brand in Roussillon waren am nächsten Morgen in *Le Provençal* nachzulesen. Bevor vierhundert *pompiers*, zehn Flugzeuge und die *soldats du feu* der Armee das Feuer löschen konnten, hatte es im Umkreis des Dorfes über hundert Morgen Fichtenwald vernichtet. Wir sahen Fotos von Pferden und von einer Ziegenherde, die in Sicherheit gebracht worden waren; ein Foto zeigte die Silhouette eines einsamen *pompier* gegen eine Feuerwand. Der Artikel erwähnte außerdem drei kleinere Brände. Das Ganze wäre Stoff für die Titelseite gewesen, wenn nicht an eben diesem Tag die *Tour de France* Marseille erreicht hätte.
Ein paar Tage später fuhren wir nach Roussillon hinüber. Was vorher grün und wunderschön gewesen war, war nun zerstört – verkohlte, häßliche Baumstümpfe, die wie faule Zähne aus der ockerroten Erde der Hänge ragten. Einige Häuser waren trotz der Zerstörung ringsum wie durch ein Wunder unversehrt. Wir fragten uns, ob die Bewohner geblieben oder geflohen waren, und versuchten uns auszumalen, wie es sich anfühlt, in einem finsteren Haus zu sitzen und das Feuer näher und näher kommen zu hören, während die Hitze bereits in den Mauern zu spüren ist.
Im Juli betrug die Niederschlagsmenge fünf Millimeter. Die weisen Alten im Café erklärten, die Augustsürme würden den Lubéron durchnässen und die *pompiers* arbeitslos machen. *Le quinze août,* so versicherten sie uns, brächte jedes Jahr sintflutartige Regenfälle, die die Camper aus ihren Zelten spülen, Straßen überfluten, den Wald tränken und, mit ein klein bißchen Glück, die Pyromanen ertränken würden. Tag für Tag hielten wir nach Regen Ausschau. Tag für Tag

sahen wir bloß die Sonne. Lavendelbüsche, die wir im Frühjahr gepflanzt hatten, starben ab. Das Stück Gras vor dem Haus vergaß den Ehrgeiz, ein Rasen werden zu wollen, und wurde gelb wie schmutziges Stroh. Die Erde schrumpfte, zeigte Knöchel und Knochen, Felsen und Wurzeln, die zuvor nicht sichtbar gewesen waren. Die glücklichen Bauern, die starke Irrigationsanlagen besaßen, begannen ihre Reben zu wässern. Unsere Reben ließen die Köpfe hängen. Faustin ließ den Kopf nach jeder Inspektion seines Weinbergs ebenfalls hängen.

Der Swimmingpool war warm wie Suppe, doch immerhin naß, und der Geruch des Wassers lockte eines Abends eine Herde von *sangliers* an. Zu elft kamen sie aus dem Wald. Fünfzig Meter vor unserem Haus blieben sie stehen. Ein Eber nutzte die Gelegenheit, bestieg seine Gefährtin, und Boy, der einen ganz und gar untypischen Mut zeigte, tanzte dem glücklichen Paar entgegen und bellte vor Aufregung mit Sopranstimme. Die beiden *sangliers*, obwohl noch immer huckepack, jagten wie bei einem Schubkarrenrennen hinter ihm her, und Boy rannte durchs Hoftor nach Hause zurück, wo die nötige Sicherheit zu lautstarker Tapferkeit gegeben war. Die *sangliers* änderten ihre Meinung und zogen sich durch die Rebenfelder zurück, um im Acker auf der anderen Straßenseite Jackies Melonen zu fressen.

Le quinze août war so trocken wie die erste Monatshälfte, und bei jedem neuen Windstoß des *mistral* rechneten wir mit einem Aufheulen der Sirenen und mit den Canadair-Maschinen. Ein Pyromane hatte die *pompiers* angerufen und ihnen, sobald der Wind stark genug wäre, einen weiteren Brand versprochen, und das Tal wurde tagtäglich von Helikoptern kontrolliert.

Sie haben ihn aber nicht gesehen, als er es wirklich tat, diesmal in der Nähe von Cabrières. Der Wind trug Asche in unseren Hof; die Sonne war vom Rauch verdunkelt. Den Hunden jagte der Brandgeruch einen panischen Schrecken ein; sie liefen unruhig winselnd auf und ab und bellten die Windstöße an. Der rosarote Abendhimmel war von einem schmierigen, schwach erhellten, furchterregenden Grauschleier überzogen.

Für die Nacht war eine Bekannte, die sich in Cabrières aufhielt, wo einige Häuser am Rand des Dorfes evakuiert worden waren, zu uns gekommen. Sie brachte ihren Reisepaß mit sowie ein zweites Paar Höschen.

Obwohl der Pyromane weiterhin anrief und seine Drohungen stets dem Lubéron galten, haben wir danach keine Brände mehr beobachtet. Der August ging zu Ende. In unserer Gegend wurden null Millimeter Niederschlag registriert – gegenüber einem Durchschnittswert von zweiundfünfzig. Als im September ein halbherziger Regenschauer einsetzte, gingen wir ins Freie, um die kühle, feuchte Luft in tiefen Zügen zu genießen. Der Wald roch zum erstenmal seit Wochen wieder frisch.

Nachdem die unmittelbare Brandgefahr gebannt war, fühlten sich die Einheimischen hinreichend erleichtert, um die Folgen der Dürre für ihre Mägen zu beklagen. Mit Ausnahme des Weins, der in Châteauneuf als außergewöhnlich gut angekündigt wurde, gab es in gastronomischer Hinsicht nur katastrophale Nachrichten. Nach dem Regenmangel im Juli würde man im Winter nur wenige und nur kleine Trüffel ernten. Die Jäger würden aus sportlichen Gründen aufeinander schießen müssen: Das Wild, das den ausgetrockneten Lubéron verlassen hatte, um weiter nördlich nach Wasser zu suchen, würde wohl kaum zurückkehren. Die Tische würden im Herbst nicht auf die übliche Weise gedeckt sein. Es wäre *pas du tout normal.*

Wir litten unter Bildungsmangel. Monsieur Menicucci, zu dessen mannigfachen Talenten auch die Gabe zählte, im Wald wilde Pilze zu finden und zu bestimmen, hatte versprochen, uns auf eine seiner Expeditionen mitzunehmen – Kilos von Pilzen hatte er uns versprochen: Man brauche sie nur einzusammeln; er würde uns alles zeigen und uns bei einer Flasche Cairanne in der Küche zur Hand gehen.

Der Oktober kam, doch die Expedition mußte abgesagt werden. Der Wald war – zum erstenmal, solange Menicucci sich erinnern konnte – ohne Pilze. Menicucci kam eines Morgens zu uns herüber, einsatzbereit, mit Messer, Stock und Korb, mit festgeschnürten, schlangensicheren Stiefeln, und stocherte eine fruchtlose Stunde lang unter den Bäumen herum. Wir müßten es nächstes Jahr versuchen. Madame, seine Frau, würde untröstlich sein, und der Kater seines Freundes ebenfalls, der sei nämlich auch ein großer *amateur* von wilden Pilzen.

Eine Katze?

Beh oui, aber eine Katze mit einer ungewöhnlichen Nase, die gefährliche oder tödliche Pilze aussondern könne. Die Natur sei geheimnisvoll und wunderbar, sagte Menicucci, und mit wissenschaftlichen Methoden oft gar nicht erklärbar.

Ich fragte, was die Katze denn mit den genießbaren Pilzen mache. »Die ißt sie«, erwiderte Menicucci, allerdings nicht roh. Die Pilze müßten in Olivenöl und mit kleingehackter Petersilie gekocht werden. In dem Punkt zeigte der Kater eine gewisse Schwäche. *C'est bizarre, non?*

Mit der Ankunft des *Office National des Forêts* wurde der Wald im November offiziell als Pulverfaß anerkannt. Ich war an einem trüben, verhangenen Morgen zwei Meilen von unserem Haus entfernt, als ich eine Rauchwolke bemerkte und das Gekrächze von Niederwaldsägen vernahm. Am Ende der Wegspuren parkten Armeewagen neben einer riesigen gelben Maschine, eine Mischung aus Bulldozer und Traktor, die drei Meter hoch sein mochte. Zwischen den Bäumen bewegten sich Männer in olivfarbener Drillichkleidung; es waren finstere Gesellen mit Schutzbrillen und Helmen; sie schlugen das Unterholz aus und warfen es in ein Feuer, das zischte und knackte.

Ein schlanker Offizier mit kantigem Gesicht musterte mich, als befände ich mich auf verbotenem Gelände. Als ich *bonjour* sagte, brachte er nicht einmal ein Kopfnicken zustande für den verdammten Zivilisten und dazu noch Ausländer ...

Ich wandte mich heimwärts und blieb stehen, um das gelbe Ungeheuer zu betrachten. Der Fahrer – seiner aufgesprungenen Lederweste und dienstfremden Mütze nach zu urteilen eher auch ein Zivilist – fluchte vor sich hin; er versuchte, eine zu eng angezogene Schraube zu lockern. Er tauschte den Schraubenschlüssel gegen einen Holzhammer – das provenzalische Allheilmittel bei sperriger Mechanik –, was meine Vermutung bestätigte, daß ich einen Zivilisten vor mir hatte. Ich versuchte es noch einmal mit *bonjour;* diesmal wurde es freundlich aufgenommen.

Er hätte ein jüngerer Bruder des Weihnachtsmanns sein können, ohne Bart, aber mit roten runden Bäckchen, leuchtenden Augen und einem Schnurrbart, der mit Sägemehl besprenkelt war, das der Wind herüberwehte. Der Mann deutete mit seinem Hammer in Richtung des Exterminationskommandos unter den Bäumen. »*C'est comme la guerre, eh?*«

Er bezeichnete die Aktion militärisch korrekt als *opération débroussaillage*. Auf beiden Seiten der Fahrrinne, die nach Ménerbes führte, sollte der Wald zur Verringerung des Brandrisikos zwanzig Meter tief von Unterholz gesäubert und ausgedünnt werden. Sein Job bestand darin, in seiner Maschine den Männern zu folgen und alles zu zerkleinern, was nicht verbrannt war. Er schlug mit der flachen Hand auf die gelbe Flanke des Ungeheuers. »Der schluckt einen Baumstamm und spuckt ihn in Form von Zweigen wieder aus.«

Die Männer benötigten eine Woche für die Entfernung des Unterholzes bis zum Haus. Sie hinterließen einen geschorenen Waldrand und Lichtungen, die mit Aschentümpeln verdreckt waren. Und hinter ihnen kaute mit seinem unersättlich mahlenden Appetit das gelbe Ungeheuer täglich ein paar hundert Meter.

Der Fahrer kam eines Abends zu uns herüber und bat um ein Glas Wasser, ließ sich aber doch zu einem Glas *pastis* überreden. Er entschuldigte sich, daß er oben am Garten geparkt hätte. Das Parken sei jeden Tag ein Problem, sagte er. Bei einer Höchstgeschwindigkeit von zehn Kilometern pro Stunde sei es ihm praktisch unmöglich, das Gefährt für die Nacht in die Werkstatt nach Apt zu fahren.

Bei einem zweiten Glas *pastis* nahm er die Mütze ab. Es sei gut, mit Menschen sprechen zu können, meinte er, nachdem er den ganzen Tag lang im Lärm seiner Maschine allein gewesen sei. Aber die Arbeit sei wichtig. Der Wald sei zu lang nicht gepflegt worden. So ersticke der Wald an totem Holz, und falls wir im kommenden Jahr wieder eine Dürre haben sollten ... *pof!*

Wir fragten ihn, ob der Pyromane gefaßt worden sei. Er schüttelte den Kopf. Der Verrückte mit dem *briquet* nannte er ihn. Hoffentlich verbringe der seine Ferien im nächsten Jahr in den Cevennen ...

Der Fahrer kam am nächsten Abend wieder, schenkte uns einen Camembert und erklärte, wie wir ihn backen sollten – so, wie er es tat, wenn er im Winter im Wald war und sich gegen die Kälte schützen mußte.

»Sie machen ein Feuer«, sagte er und legte vor sich auf dem Tisch imaginäre Zweige zusammen. »Dann nehmen Sie den Käse aus seiner Schachtel und lösen ihn aus dem Papier. Und danach legen sie ihn wieder zurück, *d'accord?*« Damit wir es ganz bestimmt verstanden, hielt er den Camembert in die Höhe und legte ihn in die Holzschachtel.

»*Bon.* Nun legen Sie die Schachtel in die Glut. Die Schachtel verbrennt, die Käserinde wird schwarz. Der Käse schmilzt, aber ...« ein belehrender Finger schoß in die Höhe, »er ist in der Rinde versiegelt. Deshalb kann er nicht ins Feuer auslaufen.«

Ein Schluck vom *pastis.* Ein Wischen des Schnurrbarts mit dem Handrücken.

»*Alors*, Sie nehmen Ihre *baguette* und spalten Sie von oben bis unten, mittendurch. Und jetzt – *attention aux doigts* – nehmen Sie den Käse aus dem Feuer. In die Rinde machen Sie ein Loch. Und durch das Loch gießen Sie den geschmolzenen Käse ins Brot. *Et voilà!*«

Er grinste. Seine roten Bäckchen unter den leuchtenden Augen blähten sich auf, und er klopfte sich auf den Bauch. Ich hatte wieder etwas gelernt – daß sich nämlich in der Provence früher oder später jedes Gespräch dem Essen und Trinken zuwendet.

Anfang 1990 erhielten wir die Wetterstatistik des Vorjahres zugeschickt. Trotz des ungewöhnlich nassen Novembers war die jährliche Niederschlagsmenge um mehr als die Hälfte niedriger gewesen als normal.
Es hat wieder einen milden Winter gegeben. Der Wasserstand ist noch immer niedriger, als er es sein sollte, und man schätzt, daß im Wald bis zu dreißig Prozent des Unterholzes abgestorben und daher trocken ist. Der erste große Brand hat in der Nähe von Marseille über sechstausend Morgen Wald vernichtet; an zwei Stellen ist er über die *autoroute* hinweggefegt. Und der Verrückte mit dem *briquet* läuft noch immer frei herum; vermutlich verfolgt er die Wettervorhersagen mit ähnlich großem Interesse wie wir.
Wir haben uns einen dickwandigen Metallsafe gekauft zur Aufbewahrung all jener Papiere – Reisepässe, *attestations*, Geburtsurkunden, *contrats*, *permis*, alte Elektrizitätsrechnungen –, die man in Frankreich unbedingt braucht, um die eigene Existenz nachweisen zu können. Der Verlust des Hauses durch einen Brand wäre ein Desaster; dabei auch die Identität zu verlieren würde uns das Leben unmöglich machen. Der Metallsafe wird in die hinterste Ecke der *cave* wandern, direkt neben den Châteauneuf-du-Pape.

clancy

Ein Diner mit Pavarotti

Die Werbung eilte dem Ereignis monatelang voraus. Bilder eines bärtigen Gesichts, der Kopf gekrönt von einer Baskenmütze, erschienen in Zeitungen und auf Plakaten, und seit Frühjahr hatte in der Provence jeder mit einem Ohr für Musik die Nachricht gehört: Imperator Pavarotti, wie *Le Provençal* ihn titulierte, würde im Sommer kommen, um für uns zu singen. Mehr noch: Es würde *das* Konzert unseres Lebens, aufgrund des Orts, den er für seinen Auftritt gewählt hatte. Er würde nicht etwa im Opernhaus in Avignon singen oder in Gordes in der *salle de fêtes,* wo er vor den Elementen geschützt wäre, sondern im Freien, in der Umgebung antiker Steine, die seine italienischen Landsleute vor neunzehn Jahrhunderten gelegt hatten, als sie das Antike Theater in Orange erbauten. Wahrhaftig, *un évènement éblouissant*.

Das Antike Theater ist sogar leer überwältigend, eine Stätte kolossaler, nahezu unglaublicher Dimensionen. Es hat die Form eines D; die gerade Mauer, die die beiden Enden des Halbkreises verbindet, ist etwa hundert Meter lang und völlig intakt. Abgesehen von der Patina des Steins, der fast zweitausend Jahre lang Wind und Wetter ausgesetzt gewesen ist, könnte sie gestern errichtet worden sein. Hinter der Mauer wird in einem Aushub des Hügels, wie von der Natur zu diesem Zweck geschaffen, auf abgestuften Steinbänken in einem weiten Bogen etwa zehntausend Besuchern Platz geboten.

Ursprünglich saßen sie nach gesellschaftlichem Rang geordnet: Magistrate und die lokalen Senatoren vorn, hinter ihnen Priester und Mitglieder der Handelsgilden, sodann der Mann von der Straße nebst Eheweib und schließlich, ganz oben und von den Respektspersonen gebührend fern, die *pullati* – Bettler und Prostituierte. Solche Ordnung gab es im Jahre 1990 längst nicht mehr. Die Zuteilung der Sitzplätze erfolgte nicht so sehr nach Zugehörigkeit zu sozialen Schichten; entscheidend war die Geschwindigkeit des Kartenkaufens. Das Konzert würde lange vorher ausverkauft sein – durch einen Kartenvorverkauf; um Karten zu bekommen, mußte man rasch und entschieden handeln.

Das übernahm, als wir noch unentschlossen waren, unser Freund Christopher, der mit militärischer Präzision plant, wenn es um eine große Abendveranstaltung geht. Er hatte alles arrangiert und gab uns die Befehle: Aufbruch um 18.00 Uhr, Essen unter einem Magnolienbaum in Orange um 19.30 Uhr, auf den Plätzen um 21.00 Uhr, alle Dienstgrade ausgerüstet mit Kissen zum Schutz der Hintern auf den Steinsitzen. Für flüssige Rationen während der Pause war vorgesorgt. Rückkehr zum Standort annähernd 1.00 Uhr.

Es gibt im Leben Augenblicke, wo man mit Erleichterung und Vergnügen zur Kenntnis nimmt, daß einem genau mitgeteilt wird, was man zu tun hat. Das galt auch für diesen Anlaß. Wir fuhren um Punkt sechs Uhr los, erreichten Orange eine Stunde später und fanden die Stadt bereits in Feststimmung vor. Alle Cafés waren voll besetzt; zusätzliche Tische und Stühle standen bis an den Rand der Straße und machten das Passieren zur Testfahrt: Wer konnte den meisten Kellnern ausweichen? Zwei Stunden vor Beginn der Aufführung strömten bereits Scharen von Menschen mit Sitzkissen und

Picknickkörben zum Theater. Die Restaurants offerierten spezielle Menüs für *la soirée Pavarotti. Le tout Orange* rieb sich in Vorfreude die Hände. Und dann begann es zu regnen. Die ganze Stadt schaute gen Himmel – Kellner, Autofahrer, Sitzkissenträger und zweifelsohne auch der Maestro selbst –, als die ersten Tropfen auf staubige Straßen fielen, die wochenlang ohne Regen geblieben waren. *Quelle catastrophe!* Ob er unter einem Regenschirm singen würde? Wie sollte das Orchester mit feuchten Instrumenten spielen können, wie der Dirigent mit triefendem Taktstock dirigieren? Für die Dauer des Schauers hielten die Leute fast hörbar den Atem an.

Doch um neun Uhr war der Regen längst vorbei, und als wir uns in das Gedränge der Musikbegeisterten mengten und neben dem Eingang an den Verkaufsständen mit Pavarottiana vorbeischoben – CDs, Tonbänder, Poster, T-Shirts, alle Produktarten der Werbung aus der Pop-Industrie, es fehlten nur die Autoaufkleber I love Luciano –, waren über der Mauer des Theaters die ersten Sterne zu sehen.

Die Menschenmenge blieb immer wieder stehen, als ob es hinter dem Eingang ein Hindernis gäbe, und als wir endlich drinnen waren, sah ich, warum. Man blieb stehen – man mußte einfach stehenbleiben –, um von vorn den Blick auf die Ränge zu genießen, den gleichen Blick, den Pavarotti haben würde.

Tausende von Gesichtern, blaß gegen die Dunkelheit, bildeten Reihe um Reihe Halbkreise, die in die Nacht hinein verschwanden. Man bekam ein Gefühl von umgekehrtem Höhenschwindel: Der Winkel der Sitzreihen schien unmöglich steil zu sein, die Zuschauer schienen in gefährliche Höhen emporgehoben, so als könnten sie jeden Moment das Gleichgewicht verlieren und in den Abgrund stürzen. Sie gaben unheimliche Geräusche von sich – lauter als Flüstern, doch leiser als Reden, ein kontinuierliches, unterdrücktes Gesumm aus Konversationen, das von den Steinmauern eingefangen und verstärkt wurde. Ich kam mir wie in einem Bienenkorb vor.

Wir stiegen zu unseren Sitzplätzen empor, die etwa vierzig Meter über der Bühne lagen, genau gegenüber einer hohen Nische in der Mauer, wo im Flutlicht eine Statue von Augustus Caesar in Kaisertoga stand, der die Hand zum Gruß ausstreckte. Zu seiner Zeit hatte Orange eine Bevölkerung von rund achtzigtausend Menschen; heute sind es weniger als dreißigtausend, von denen an diesem Abend die meisten nach ein paar freien Zentimetern Stein als Sitzfläche zu suchen schienen.

Eine Frau von opernhaftem Körperumfang, der vom Aufstieg der Atem schwerer ging, setzte sich neben mir auf ihr Kissen und fächelte sich mit ihrem Programm Luft zu. Sie war aus Orange, hatte ein rundes Gesicht und ein fröhliches Naturell und war schon oft in diesem Theater gewesen, doch so ein Publikum wie an diesem Abend, sagte sie, habe sie noch nie gesehen. Sie ließ ihren Blick über die Köpfe gleiten und begann zu rechnen: dreizehntausend Besucher, da sei sie sich ganz sicher. *Dieu merci,* daß der Regen aufgehört hatte.

Es gab ein plötzliches Einsetzen des Applauses. Die Mitglieder des Orchesters kamen einer nach dem anderen auf die Bühne und begannen die Instrumente zu stimmen; durch das erwartungsvolle Gebrumm der Menge drangen Bruchstücke von Musik. Ein letztes Grollen der Kesselpauke. Das Orchester verstummte und blickte, wie alle Menschen im Theater, zur hinteren Bühne. Der Haupteingang unmittelbar unter der Statue des Augustus war mit schwarzen Vorhängen drapiert.

Die Reihen der Häupter um uns herum neigten sich, als ob sie es einstudiert hätten, im Gleichtakt nach vorn. Hinter dem schwarzen Vorhang trat, in Schwarz und Weiß, der Dirigent hervor.

Eine neuerliche Explosion des Applauses, ein schrilles, abgehacktes Pfeifkonzert auf den Sitzen weit hinter und über uns. Madame nebenan machte psch-pscht: Wir befänden uns hier doch nicht auf dem Fußballplatz. Welch ein Benehmen! *Épouvantable!* Das hatte in diesem Theater aber wahrscheinlich eine alte Tradition: Das Pfeifen kam von den Sitzen für Bettler und Prostituierte; vornehme Beifallskundgebungen hätte man von dort nicht erwartet.

Das Orchester spielte eine Ouvertüre von Donizetti. Die Musik stieg und fiel wie von selbst in der Nachtluft; der Klang überflutete das Theater. Die Akustik war mitleidlos. Falls es heute abend falsche Töne gäbe, so würde ganz Orange es wissen.

Der Dirigent verbeugte sich, ging zum Vorhang zurück, und es gab einen Moment – er dauerte höchstens eine Sekunde –, als dreizehntausend Menschen schwiegen. Erst danach trat der Künstler in Erscheinung: schwarzes Haar, schwarzer Bart, weiße Fliege, Rockschöße; in der linken Hand schwebte ein voluminöses, weißes Taschentuch. Donnernder Applaus, der den Körper traf wie ein Schlag. Pavarotti legte die Hände zusammen und neigte das Haupt – er war bereit zu singen.

Hoch oben im Bereich der Bettler und Prostituierten war man allerdings noch nicht bereit, mit dem Pfeifen aufzuhören – penetrante Töne, gepfiffen mit zwei Fingern im Mund, die auf der anderen Seite von Orange ein Taxi zum Stehen gebracht hätten. Madame nebenan war empört. Opernrabauken, schimpfte sie. Schhhhh! machte sie. Schhhhh!

machten viele tausend andere Stimmen. Erneutes Pfeifen bei den Bettlern und Prostituierten. Pavarotti stand wartend, gesenkten Hauptes, mit hängenden Armen. Der Dirigent hob den Taktstock. Zur Begleitung einiger letzter, trotziger Pfiffe begann die Musik.

»*Quanto e cara, quanto e bella*«, sang Pavarotti. Es klang so leicht. Bei seinem Stimmvolumen wirkte das Theater auf einmal so klein wie ein Zimmer. Er stand ganz still, mit dem Gewicht auf dem rechten Bein, und hatte den Absatz des linken Fußes ein ganz klein wenig gehoben. Das Taschentuch kräuselte sich im Wind. Es war ein entspannter, vollkommener Vortrag.

Es endete mit einem Ritual, das Pavarotti den ganzen Abend hindurch wiederholen sollte: mit einem Ruck des Kopfes zur letzten Note, einem unermeßlich breiten Grinsen und einem Ausbreiten der Arme, bevor er das Haupt neigte und dem Dirigenten die Hand schüttelte, während der Applaus tosend gegen die hintere Mauer brandete.

Er sang wieder und wurde, bevor der Beifall erstarb, vom Dirigenten zum Bühnenausgang mit den schwarzen Vorhängen begleitet, um für eine Weile zu verschwinden. Ich nahm an, er würde seine Stimmbänder ausruhen wollen und ihnen einen Löffel Honig zur Stärkung verabreichen. Doch Madame nebenan hatte eine andere Erklärung für sein Verschwinden, die mich während der nächsten zwei Stunden innerlich beschäftigen sollte.

»*À mon avis*«, bemerkte sie, »nimmt er zwischen den Arien ein leichtes Mahl zu sich.«

»Aber Madame!« sagte ich.

»Schhhhh! Der Flötenspieler.«

Nach Ende des Stücks wandte Madame sich erneut ihrer

Theorie zu. Pavarotti, betonte sie, sei ein schwerer Mann und ein berühmter Gourmet. Die Aufführung dauerte lang. So zu singen, wie er sänge, *comme un ange*, das sei eine harte, anstrengende Arbeit. Logisch, daß er sich in den Pausen, wenn er nicht auf der Bühne stand, ein wenig stärke. Wenn ich das Programm studieren würde, müßte mir auffallen, daß es so aufgebaut sei, den Genuß eines wohlüberlegten Imbisses in fünf Gängen in den Zeiten zu ermöglichen, in denen das Orchester das Publikum ablenkte.

Ich studierte das Programm und mußte zugeben, daß einiges für Madames Theorie sprach. Unmöglich schien das, was sie sagte, nicht; und wenn man zwischen den Zeilen las, ließ sich ein Menü zusammenstellen:

DONIZETTI
(Insalata di carciofi)

CILEA
(Zuppa di fagioli alla Toscana)

ENTRACTE
(Sogliole alla Veneziana)

PUCCINI
(Tonnelini con funghi e piselli)

VERDI
(Formaggi)

MASSENET
(Granita di limone)

ENCORE
(Caffè e grappa)

Es gab noch einen anderen, deutlicheren Hinweis, daß das Gesangssouper nicht bloß eine Schimäre in der Phantasie von Madame war. Wie alle anderen auch hatte ich angenommen, daß das weiße Rechteck, das so elegant um die Finger von Pavarottis linker Hand geschlungen war, ein Taschentuch sein müsse. Es war aber größer als ein Taschentuch. Ich teilte Madame meine Beobachtung mit. »*Évidemment*«, sagte sie, »*c'est une serviette.*« Nach einem so schlüssigen Beweis ihrer These lehnte sie sich zufrieden zurück, um den Rest des Abends zu genießen.

Pavarotti war unvergeßlich, nicht nur wegen seines Gesangs, sondern auch wegen der Art und Weise, wie er auf das Publikum einging, für das er gelegentlich die Andeutung eines Abrutschens von einem Ton riskierte, dem Dirigenten auf die Wange klopfte, wenn alles perfekt geklappt hatte, und sein Kommen und Gehen auf der Bühne in einem makellosen Timing absolvierte.

Nach einer gewissen Zeit hinter dem Vorhang erschien er mit einem langen blauen Schal um den Hals, der ihm bis auf die Taille reichte – aus Vorsicht gegen die kühle Nachtluft, wie ich meinte.

Madame wußte es natürlich besser. Er hätte bestimmt ein kleines Malheur mit einer Sauce gehabt, sagte sie. Der Schal solle die Flecken auf seiner weißen Weste verbergen. Ob er nicht göttlich sei?

Das offizielle Programm war beendet, doch das Orchester blieb noch auf der Bühne. Von den Rängen der Bettler und Prostituierten her erscholl im Chor *Ver–di! Ver–di! Ver–di!*, und diesmal machte die Menge mit, bis Pavarotti kam, um uns einen besonderen Leckerbissen als Zugabe zu geben: *Nessun Dorma, O Sole Mio.* Begeisterung im Publikum.

Verbeugungen seitens des Orchesters. Ein letzter Gruß des Stars. Dann war alles vorbei.
Wir brauchten eine halbe Stunde, um ins Freie zu gelangen, und als wir durch den Ausgang nach draußen traten, sahen wir zwei riesige Mercedes abfahren. »Ich wette, das ist er«, sagte Christopher. »Ich frage mich nur, wo er wohl diniert.«
Weil Christopher nicht neben Madame gesessen hatte, konnte er ja nicht wissen, was hinter dem schwarzen Vorhang stattgefunden hatte. Dreizehntausend Menschen hatten mit Pavarotti diniert, ohne es zu wissen. Hoffentlich wird er wieder einmal in Orange auftreten, und ich wünsche mir, daß beim nächsten Mal das Menü im Programm abgedruckt wird.

Eine *Pastis*-Lektion

Die Tische und die abgenutzten Korbstühle sind im Schatten massiver Platanen aufgestellt. Es ist gleich zwölf Uhr, und die Sonnenstäubchen, die von den Stiefeln eines alten Mannes aufgewirbelt werden, der über den Platz schlurft, schweben, in der blendenden Sonne scharf konturiert, für einen Moment in der Luft. Der Kellner des Cafés sieht von der Zeitschrift *L'Équipe* auf und schlendert lässig herüber, um die Bestellung anzunehmen.

Er kommt zurück mit einem kleinen Glas, das, wenn er großzügig eingeschenkt hat, ein Viertel voll ist, und mit einer Karaffe Wasser. Das Glas wird wolkig, wenn man es mit dem Wasser auffüllt, nimmt eine Farbe zwischen Gelb und Nebelgrau an, und man riecht den scharfen, süßen Duft von Anis.

Santé. Man trinkt *pastis*, die Milch der Provence.

Für mich persönlich ist die markanteste Zutat des *pastis* nicht Anis oder Alkohol, sondern *ambiance* – wie und wo er getrunken wird. Ich kann mir nicht vorstellen, ihn hastig zu trinken. Ich kann mir nicht vorstellen, ihn in einem Pub in Fulham zu trinken, in einer Bar in New York oder irgendwo, wo Gästen das Tragen von Socken auferlegt ist. Er würde anders schmecken. Man braucht Hitze und Sonnenschein und die Illusion, daß die Uhr stehengeblieben ist. Ich kann ihn einfach nur in der Provence genießen.

Vor unserem Umzug hierher habe ich *pastis* immer für eine Ware gehalten, ein französisches Nationalgut, das von zwei Mammutinstitutionen hergestellt wird. Damals gab es für mich Pernod, und es gab Ricard, und das war's.

Hier bin ich dann anderen *pastis* begegnet – Casanis, Janot, Granier – und begann mich zu fragen, wie viele *marques* es wohl geben könnte. In einer Bar habe ich fünf gezählt, in einer anderen sieben. Jeder Provenzale, bei dem ich mich erkundigt habe, war selbstverständlich Experte. Jeder hat mir eine andere, so dezidierte wie wahrscheinlich ungenaue Antwort gegeben, zu der immer auch abschätzige Kommentare über die Marken gehörten, die er persönlich nicht einmal seiner Schwiegermutter zu trinken geben würde.

Es war reiner Zufall, daß ich dann einen wahren Professor für *pastis* gefunden habe, und weil er auch ein guter *Chef* ist, empfand ich es nicht als Strafe, bei ihm zur Schule zu gehen. Michel Bosc wurde in der Nähe von Avignon geboren und emigrierte nach Cabrières, das ein paar Meilen entfernt liegt. In diesem Dorf führt er seit zwölf Jahren ein Restaurant, *Le Bistrot à Michel;* Jahr um Jahr hat er alle Gewinne sofort wieder im Restaurant investiert. Er hat es um eine große Terrasse erweitert, die Küchen vergrößert und vier Schlafzimmer eingerichtet, für erschöpfte oder überstrapazierte Gäste. Alles in allem hat er *chez Michel* zu einem angenehmen, vielbesuchten Lokal gemacht.

Doch trotz aller Verbesserungen und dem gelegentlichen Auftreten von *chic* unter den Sommergästen, hat eines sich nicht verändert: Die Bar am Eingang des Restaurants ist noch immer die Dorfbar. Dort steht Abend für Abend ein halbes Dutzend Männer mit sonnenverbrannten Gesichtern in Arbeitskluft herum, die nicht zum Essen gekommen sind, sondern um für die Dauer von zwei oder drei Gläsern über *boules* zu diskutieren. Und sie trinken auch immer nur *pastis.*

An einem Abend stand Michel bei unserer Ankunft hinter der Bar und veranstaltete eine zwanglose *dégustation.* Sieben oder acht Sorten wurden von ortsansässigen Enthusiasten gekostet; einige dieser Sorten kannte ich noch nicht.

Eine *pastis*-Probe ist nicht das ehrfürchtige, stille, beinah religiöse Ritual, wie man es in den Weinkellern von Bordeaux oder Burgund erlebt, und Michel mußte seine Stimme heben, um sich über dem Schmatzen und dem lauten Gläserklirren verständlich zu machen.

»Probieren Sie mal diesen«, sagte er. »Ist genau so, wie Mutter ihn zu machen pflegte. Er kommt aus Forcalquier.«

Er schob ein Glas über die Bar und füllte es bis an den Rand mit Wasser aus einem schwitzenden Metallkrug, in dem Eiswürfel rappelten.

Heiliger Strohsack! *So etwas* pflegte Mutter zu machen? Zwei oder drei Gläser davon, und ich könnte von Glück reden, wenn ich oben das Schlafzimmer überhaupt noch auf Händen und Knien erreichte. Ich sagte, der käme mir aber sehr stark vor. Michel zeigte auf die Flasche: fünfundvierzig Prozent Alkohol; stärker als Brandy, aber nicht über die für *pastis* erlaubte Grenze, und wirklich mild im Vergleich zu einem anderen, den Michel einmal bekommen hatte – von dem, so behauptete Michel, wäre ein Mann nach zwei Gläsern mit einem Lächeln im Gesicht nach hinten gekippt, *plof!* Aber etwas Besonderes sei er schon, dieser *pastis* hier. Mit einem Augenzwinkern gab Michel zu verstehen, daß der *pastis* nicht völlig legal war.

Er verließ plötzlich die Bar, als wäre ihm ein *soufflé* im Ofen eingefallen, und kehrte mit einigen Gegenständen zurück, die er vor mir auf die Theke legte. »Wissen Sie, was das ist?«

Ein hohes Glas mit Spiralmustern auf einem kurzen, dicken Stiel; ein kleines, kompakteres Glas, schmal wie ein Fingerhut und doppelt so hoch; und dann etwas, das wie ein plattgedrückter Zinnlöffel aussah, der mit symmetrisch zugeordneten Reihen von Löchern verziert war. Unmittelbar hinter dem flachen Kopf hatte der Stiel einen U-förmigen Knick.

»Das Lokal war ein Café, bevor ich es übernahm«, sagte Michel. »Diese Dinge hier habe ich gefunden, als wir durch eine Wand brachen. Haben Sie so etwas schon mal gesehen?«

Ich hatte keine Ahnung, was es sein könnte.

»Die hat es früher in allen Cafés gegeben. Um *absinthe* herzustellen.« Er drehte einen Zeigefinger um das Ende seiner Nase – ein Zeichen für Trunkenheit. Er nahm das kleine Glas in die Hand. »Das hier ist die *dosette,* das alte Maß für Absinth.« Es war solide und griffig und fühlte sich schwer wie eine Bleikugel an, als er es mir reichte. Er nahm das andere Glas und balancierte den Löffel darüber; der Knick des Stiels hing passend über dem Rand.

»*Bon.* Auf das hier« – er klopfte auf den Löffelstiel – »legte man Zucker. Dann goß man Wasser über den Zucker, und der Zucker tropfte durch die Löcher in den Absinth. Das gab ein Getränk, welches Ende des vergangenen Jahrhunderts sehr *à la mode* war.«

Absinthe, so erläuterte Michel, war ein grüner Likör, der ursprünglich aus Wein und der Wermutpflanze destilliert wurde. Sehr bitter, anregend und halluzinös, süchtigmachend und gefährlich. Er hatte einen Alkoholgehalt von achtundsechzig Prozent und konnte Blindheit, Epilepsie und

Wahnsinn verursachen. Unter seinem Einfluß hat van Gogh sich angeblich das Ohr abgeschnitten und Verlaine auf Rimbaud geschossen. Er gab seinen Namen für eine spezielle Krankheit – *absinthisme;* der Süchtige ging nicht selten *casser sa pipe* und starb. Aus diesem Grund wurde das Getränk im Jahre 1915 gesetzlich verboten.

Ein Mann, der den Absinth nicht gern verschwinden gesehen hätte, war Jules Pernod, der nämlich in Montfavet bei Avignon eine Absinthdestillation besaß. Doch er paßte sich den veränderten Zeiten an, indem er die Produktion umstellte auf ein Getränk, das auf dem gesetzlich erlaubten Anis basierte. Es war sofort ein Erfolg und hatte außerdem einen immensen Vorteil – die Kunden blieben am Leben und kauften weiterhin.

»Da sehen Sie«, sagte Michel, »der kommerzielle *pastis* kam in Avignon zur Welt, wie ich. Probieren Sie noch einen.«

Er nahm eine Flasche Granier vom Regal, und ich erlebte die Genugtuung, erklären zu können, daß ich die gleiche Marke zu Hause hätte. Granier, *»Mon pastis«,* wie es auf dem Etikett heißt, wird in Cavaillon hergestellt. Er hat eine sanftere Farbe als der ziemlich brutale Grünton des Pernod; ich finde ihn im Geschmack weicher. Im übrigen neige ich dazu, lokale Produkte zu favorisieren, wenn sie gut schmecken.

Der Granier rann mir wieder die Kehle hinab, und ich stand noch immer auf meinen Beinen. Nach der ersten Lektion, sagte Michel, müsse ich noch einen *pastis* probieren, eine *grande marque,* um mir ein fundiertes Urteil über einige geringere farbliche und geschmackliche Variationen bilden zu können. Er gab mir einen Ricard.

Die distanzierte, wissenschaftliche Haltung, die nötig ist, um einen *pastis* mit dem nächsten vergleichen zu können, fiel mir inzwischen einigermaßen schwer. Ich mochte sie alle – sie schmeckten sauber, weich und irgendwie heimtückisch. Der eine hatte vielleicht einen Tropfen Lakritzensaft mehr als die anderen, doch nach einigen hocharomatischen und hochprozentigen Schlucken steht der Gaumen unter einer gewissen Benommenheit. Es ist eine angenehme Benommenheit, und an diesem Abend waren Ansätze einer kritischen Urteilsfähigkeit, die es anfangs durchaus gegeben haben mochte, irgendwann zwischen dem zweiten und dritten Glas verlorengegangen. Als Kenner des *pastis* war ich ein hoffnungsloser Fall. Glücklich und auch hungrig, gewiß, aber hoffnungslos.

»Wie war der Ricard?« fragte Michel. Der Ricard sei gut gewesen, erwiderte ich, aber ich hätte wahrscheinlich genug Bildung für einen Abend genossen.

Tagelang notierte ich mir Fragen, die ich Michel stellen wollte. Ich fand es beispielsweise seltsam, daß ein Name so bekannt sein und so starke Assoziationen wecken konnte, dessen Ursprung jedoch so unklar war wie das Getränk selbst. Wer hatte den *pastis* erfunden, bevor Pernod ihn übernahm? Warum war er so tief mit der Provence verwachsen und nicht mit Burgund oder mit der Loire-Gegend? Ich begab mich wieder zu meinem Professor.

Wann immer ich einen Provenzalen etwas über die Provence gefragt habe – ob über das Klima, das Essen, Historisches, die Eigenarten von Tieren oder kuriose menschliche Verhaltensweisen –, hat es an Antworten nie gemangelt. Der Provenzale doziert gern, für gewöhnlich mit erheblichen persönlichen Ausschmückungen, und möglichst bei Tisch. So auch diesmal. An dem Wochentag, an dem sein Restaurant normalerweise geschlossen hat, arrangierte Michel ein Mittagessen – für ein paar Freunde, die er als *»hommes responsables«* bezeichnete und die sich glücklich schätzen würden, mich auf den Weg der Erkenntnis zu führen.

Wir waren achtzehn und hatten uns unter dem großen, weißen Segeltuchschirm in Michels Innenhof versammelt. Ich wurde einer Reihe von Gesichtern und Namen und Berufen vorgestellt: einem Regierungsbeamten aus Avignon, einem Winzer aus Carpentras, zwei Managern bei Ricard, einigen handfesten Burschen aus Cabrières, darunter sogar jemand, der eine Krawatte trug, die er allerdings nach fünf Minuten abnahm und über einen Haken am Getränkewagen hängte. Das war Anfang und Ende der Formalitäten.

Die meisten Männer teilten Michels Passion für *boules*. Der Winzer aus Carpentras hatte einige Kästen seiner speziellen *cuvée* mitgebracht, deren Etikett ein Spiel in vollem Gang zeigte. Während der Rosé gekühlt und der Rote entkorkt wurde, erfolgte eine großzügige Verabreichung dieses sportlichen Getränks wie auch des Beistands aller *boules*-Spieler, von *le vrai pastis de Marseille, le pastis Ricard*.

Geboren im Jahre 1909 und, laut einem der beiden Manager am Tisch, noch immer quicklebendig, veranschaulicht Paul Ricard ein klassisches Beispiel für Erfolg durch energische und intelligente Produktverwertung. Sein Vater war Weinhändler gewesen, und diese Arbeit führte den jungen Paul in die Bars und *bistrots* von Marseille. In jenen Zeiten gab es keine strikten gesetzlichen Regelungen zur Herstellung alkoholischer Getränke, und viele Bars brannten ihren *pastis* selbst. Ricard beschloß, einen eigenen *pastis* zu machen, mischte jedoch eine Zutat bei, die den anderen fehlte, nämlich seine geniale Verkaufskunst. *Le vrai pastis de Marseille* mag sich von den übrigen nicht sonderlich unterschieden

haben, aber er war gut; besser machte ihn Ricards geschicktes Marketing. Es dauerte gar nicht lang, bis sein *pastis* der beliebteste war, zumindest in Marseille.
Ricard wollte expandieren und traf eine Entscheidung, die seinen Erfolg erheblich beschleunigte. In der Umgebung von Marseille war die Konkurrenz groß; *pastis* gab es dort überall; er war ein Standardgetränk. Und Marseille als Stadt genoß in der Nachbarschaft nicht gerade den besten Ruf. (Noch heute wird ein *marseillais* als ein *blaguer* angesehen, als jemand, der übertreibt und aus einer Sardine einen Walfisch macht – jemand, dem man nicht wirklich glaubt.)
Weiter im Norden ließ der *pastis* sich jedoch als etwas Exotisches verkaufen; und mit der Entfernung wurde auch der Ruf von Marseille besser. Man konnte der Stadt den liebenswerten Charme des Südens anhängen – einen etwas unkonventionellen, entspannten, sonnigen Charme, der einem Menschen des Nordens, der frostreiche Winter und graue Himmel gewöhnt war, verlockend vorkommen mußte. Also reiste Ricard gen Norden, zunächst nach Lyon, dann nach Paris, und sein Werbespruch hat Wirkung gezeigt. Es wäre schwer, heute in Frankreich eine Bar ohne eine Flasche mit *le vrai pastis de Marseille* zu finden.
Der Ricard-Manager, der mir diese Geschichte erzählte, sprach mit sichtlicher Sympathie von seinem *Patron.* Monsieur Paul, sagte er, sei ein Original, jemand, der sich täglich eine neue Herausforderung suche. Als ich fragte, ob er, wie viele einflußreiche Geschäftsleute, auch politisch aktiv sei, schnaubte der Manager vor Lachen. »Politiker? Auf die spuckt er. Auf alle.« Solcher Einstellung konnte ich einiges abgewinnen, in gewisser Weise fand ich es aber auch schade. Mir gefiel die Idee von einem *pastis*-Baron als französischem

Staatspräsident; die Wahl hätte er mit seinem Werbespruch wahrscheinlich gewonnen: *Un Ricard, sinon rien.*
Aber Ricard hatte *pastis* nicht erfunden. Wie Pernod hatte er das in Flaschen gefüllt und vermarktet, was vor ihm dagewesen war. Woher war es gekommen? Wer hatte Anis, Lakritze, Zucker und Alkohol als erster zusammengemischt? Hatte ein Mönch die Entdeckung eines gesegneten Tages in der Klosterküche gemacht? (Mönche haben aus irgendeinem Grunde eine besondere Affinität zu alkoholischen Kreationen, vom Champagner bis zum Benediktinerlikör.)
Niemand an unserem Tisch wußte genau, wie das erste Glas *pastis* in eine durstige Welt gekommen war, doch mangelndes Wissen hält einen Provenzalen niemals davon ab, eine Meinung als Tatsache oder eine Legende als gesicherte historische Wahrheit zu erzählen. Die unplausibelste und daher beliebteste Erklärung zur Genesis von *pastis* war die Theorie vom Eremiten – Eremiten haben natürlich, was die Erfindung ungewöhnlicher *apéritifs* betrifft, inzwischen fast den Nimbus der Mönche.
Dieser spezielle Eremit nun lebte in einer Hütte tief im Wald auf den Hängen des Lubéron. Er sammelte Kräuter, und die kochte er in einem riesigen Topf, dem traditionellen blubbernden Hexenkessel der Zauberer und Alchimisten. Die nach dem Kochen im Kessel zurückgebliebenen Säfte zeigten bemerkenswerte Eigenschaften: Sie stillten nicht nur den Durst des Eremiten, sie schützten ihn auch vor der Pest, die die Bevölkerung des Lubéron zu dezimieren drohte. Der Eremit, der ein generöser Mensch war, teilte seine Mixtur mit Pestkranken, die auf der Stelle gesund wurden. Wie auch Paul Ricard lange nach ihm die potentiellen Möglichkeiten seines Wundertranks erahnte, verließ der Eremit seine Wald-

hütte und tat, was jeder geschäftstüchtige Eremit getan hätte: Er zog um nach Marseille und machte eine Bar auf.

Es gibt eine weniger folkloristische, doch wahrscheinlichere Erklärung, warum die Heimat des *pastis* die Provence ist: Hier waren die Ingredienzen leicht erhältlich, die Kräuter billig oder gar umsonst. Hier machten die meisten Bauern ihren eigenen Wein und destillierten ihre eigenen kopfschmerzerzeugenden Liköre; und bis vor gar nicht langer Zeit war die Berechtigung, selbst zu brennen, ein wertvolles Familienrecht, das vom Vater auf den Sohn übertragen werden konnte. Dieses Gewohnheitsrecht ist inzwischen aufgehoben worden, doch noch gibt es einige *distillateurs,* die bis zu ihrem Tod per Gesetz das Recht haben, selbst herstellen zu dürfen, was sie trinken; noch existiert *pastis maison.*

Madame Bosc, Michels Frau, wurde in der Nähe von Carpentras geboren und erinnert sich, daß ihr Großvater einen doppelt starken *pastis* herstellte, mit neunzig Prozent Alkoholgehalt – ein Getränk, das eine Statue umhauen konnte. Eines Tags bekam er Besuch vom Dorfgendarmen. Ein offizieller Besuch auf dem offiziellen *moto* in voller Uniform war nie ein gutes Zeichen. Der *Gendarme* wurde also zu einem Glas von Großvaters virulentem *pastis* überredet, zu einem zweiten, zu einem dritten. Der Anlaß des Besuchs wurde nie erwähnt, aber Großvater mußte mit seinem Wagen zwei Fahrten zur *Gendarmerie* unternehmen: Das erste Mal lieferte er den bewußtlosen Polizisten mitsamt Gefährt ab; das zweite Mal brachte er dessen Stiefel und *pistolet,* die unter dem Tisch gefunden worden waren.

Das waren noch Zeiten. Und irgendwo in der Provence sind sie wahrscheinlich noch nicht zu Ende.

HOTEL

Der *Flic*

Es war mein Pech, daß ich genau an einem der wenigen Tage kein Kleingeld für die Parkuhr bei mir hatte, als die Verkehrshüter in Cavaillon in voller Stärke ausgeschwärmt waren. Sie gehen stets zu zweit, wohlbeleibte, gemächliche Herren, die sich jede erdenkliche Mühe geben, mit ihren spitzen Mützen und hinter ihren Sonnenbrillen einen finsteren Eindruck zu machen, wenn sie zielstrebig von Auto zu Auto schreiten und nach einer *contravention* suchen.

Ich hatte endlich einen freien Parkplatz gefunden, dessen Uhr gefüttert werden mußte, und ging in ein nahegelegenes Café, um mir Ein-Franc-Münzen zu besorgen. Als ich zu meinem Auto zurückkehrte, schielte gerade ein beleibter Herr ganz in Blau mißtrauisch auf die Scheibe der Parkuhr. Er blickte auf und klopfte mit seinem Stift an den Zähler.

»Er ist abgelaufen.«

Ich erläuterte mein Problem. Der Mann war jedoch nicht in der richtigen Stimmung, um mildernde Umstände in Betracht zu ziehen.

»*Tant pis pour vous*«, sagte er. »*C'est une contravention.*«

Ich blickte mich um. Ein halbes Dutzend Autos hatte in doppelter Reihe geparkt. An der Ecke einer Seitenstraße war der Laster eines *maçon,* der vor Bauabfall und Schutt überquoll, so abgestellt, daß niemand an ihm vorbeifahren konnte. Auf der anderen Straßenseite stand ein Lieferwagen mitten auf einem Fußgängerstreifen. Mir kam mein Verbrechen relativ gering vor im Vergleich zu solch krassen Vergehen, und ich war so dumm, das auch zu sagen.

Daraufhin wurde ich offiziell sofort unsichtbar. Bis auf ein irritiertes Naserümpfen wurde ich keiner Antwort gewürdigt, und der Verkehrswächter ging um mich herum, um meine Wagennummer aufzuschreiben. Er zückte sein Notizbuch und registrierte den Zeigerstand auf seiner Uhr.

Er wollte meine Sünden gerade zu Papier bringen – und mir wahrscheinlich zusätzlich eine Prämie wegen impertinenten Verhaltens aufbrummen –, als von dem Café her, wo ich das Geld gewechselt hatte, ein lauter Schrei herüberdrang.

»Eh, toi! Georges!«

Georges und ich blickten uns um und sahen zwischen den Tischen und Stühlen auf dem Bürgersteig hindurch einen untersetzten Mann auf uns zukommen, der drohend mit einem Finger herumfuchtelte, auf die Art, die auf provenzalisch eine heftige Mißbilligung ausdrückt.

Fünf Minuten lang zuckten Georges und der Untersetzte im Wettstreit mit den Schultern, sie gestikulierten, sie klopften sich gegenseitig streng gegen die Brust und diskutierten über meinen Fall. Genauso sei es gewesen, erklärte der Neuankömmling: Monsieur war gerade erst angekommen und ist tatsächlich zum Café gegangen, um sich Kleingeld zu besorgen. Es gab Zeugen. Er schwang die Arme in Richtung des Cafés, wo drei, vier Gesichter zu uns herübersahen.

Gesetz ist Gesetz, behauptete Georges. Es handelt sich ganz eindeutig um eine *contravention*. Außerdem habe ich den Strafzettel schon auszufüllen begonnen, da ist also nichts mehr zu machen. Die Sache ist unwiderruflich.

Mais c'est de la connerie, ça. Ändere den Zettel, gib ihn dem Kerl da drüben, der mit seinem Laster die Straße blockiert.

Georges wurde weich. Er schielte zum Lastwagen hinüber und auf seinen Block, rümpfte noch einmal die Nase und drehte sich zu mir her; er wollte wenigstens das letzte Wort haben. »Passen Sie auf, daß Sie das nächste Mal Kleingeld bei sich haben!« Er starrte mich durchdringend an, zweifellos um sich meine kriminellen Gesichtszüge in sein Gedächtnis einzuprägen, für den Fall, daß er irgendwann einmal einen Verdächtigen wiedererkennen müßte, und wanderte dann über den Bürgersteig zum Lastwagen des *maçon.*

Mein Retter grinste und schüttelte den Kopf. »Der hat *pois chiches* im Kopf, der.« Er wiederholte die Beleidigung. Nur Kichererbsen zwischen den Ohren.

Ich dankte ihm. Dürfte ich ihn zu einem Drink einladen? Wir gingen zusammen ins Café, setzten uns an einen dunklen Tisch in der Ecke, und dort bin ich für die nächsten zwei Stunden geblieben.

Er hieß Robert. Er war beinahe klein, gerade noch nicht fett, hatte einen breiten Brustkasten und einen breiten Bauch, einen kräftigen Nacken, eine dunkle Hautfarbe und einen verwegenen Schnurrbart. Sein Lächeln entblößte eine Mischung aus Goldkronen und nikotinverfärbten Zähnen; seine braunen Augen wirkten lebendig und amüsiert. Er hatte etwas von der Liebenswürdigkeit der Unzuverlässigen, vom Charme eines unterhaltsamen Halunken. Ich konnte ihn mir auf dem Markt in Cavaillon vorstellen, wie er garantiert unzerbrechliches Porzellan und beinah echte Levi's verkaufte – überhaupt alles, was in der Nacht zuvor hinten von einem *camion* heruntergefallen war.

Er war jedoch, wie sich dann herausstellte, Polizist gewesen;

als solcher hatte er Georges kennengelernt und nicht leiden können. Jetzt war er Sicherheitsberater, jemand, der den Eigentümern von Zweitwohnsitzen im Lubéron Alarmsysteme verkaufte. Heutzutage gibt es überall *cambrioleurs*, sagte er, die nach offenen Fenstern oder unverschlossenen Türen Ausschau halten. Ob ich eine Alarmanlage hätte? Nein? *Quelle horreur!* Er schob mir seine Visitenkarte über den Tisch. Da stand sein Name und ein Werbespruch: *Alarmtechnologie der Zukunft*, eine Aussage, die sich in seltsamem Widerspruch zu seinem altmodischen Firmenzeichen befand – ein Papagei auf einer Stange, der krächzte: »*Au voleur!*«
Mich interessierte seine Arbeit bei der Polizei, und warum er dort aufgehört hatte. Er zog sich zurück in eine Wolke vom Rauch der *Gitanes*, winkte dem Barmann mit seinem leeren Glas – mehr *pastis* – und begann zu erzählen.

Zunächst sei alles sehr langsam gegangen, sagte er. Er hatte auf die Beförderung gewartet, wie alle anderen auch, sich mit der Routinearbeit abgeplagt, sich bei der Schreibtischarbeit gelangweilt – so hatte er sich das alles nicht vorgestellt. Und dann war der Durchbruch gekommen, an einem Wochenende in Fréjus, als er ein paar Tage Urlaub genommen hatte. Er war jeden Morgen zum Frühstücken in ein Café mit Blick aufs Meer gegangen, und zur gleichen Zeit kam Morgen für Morgen ein Mann an den Strand, um Unterricht im Windsurfen zu nehmen. Mit der eher müßigen Anteilnahme eines Urlaubers hatte Robert den Mann auf sein Surfbrett klettern, herunterfallen und wieder hinaufklettern gesehen.

Der Mann kam ihm irgendwie bekannt vor. Begegnet war er ihm nie, das wußte Robert genau; gesehen hatte er ihn aber irgendwo. Der Kerl hatte ein auffälliges Muttermal am Hals und eine Tätowierung am linken Arm – es waren die kleinen besonderen persönlichen Merkmale, die ein Polizist erkennt und sich merkt. Dafür wird er ausgebildet. Das Profil, das Muttermal am Hals und die leichte Hakennase setzten Roberts Gedächtnis in Bewegung.

Zwei Tage später fiel es ihm ein. Das Profil hatte er in Schwarzweiß gesehen, darunter eine Nummer: ein Steckbrief, ein Polizeifoto. Der Windsurfer wurde gesucht.

Robert begab sich zur örtlichen *Gendarmerie,* und es dauerte keine halbe Stunde, bis er in der Kartei das Gesicht eines Mannes gefunden hatte, der im Vorjahr aus dem Gefängnis ausgebrochen war. Er war der Anführer von *le gang de Gardanne* und galt als gefährlich. Zu seinen besonderen Körpermerkmalen gehörten auch ein Muttermal am Hals und eine Tätowierung am linken Arm.

Man stellte eine Falle, die zu beschreiben Robert einige Mühe kostete – weil er so lachen mußte. Zwanzig Polizeibeamte hatten sich mit Badehosen verkleidet und erschienen früh am Strand und suchten trotz der frappierenden, komischen Ähnlichkeit ihrer *bronzage* unauffällig zu wirken – Polizisten haben gebräunte Arme, einen braunen Ausschnitt am Hals und ein gebräuntes Gesicht; der Rest des Körpers ist weiß.

Glücklicherweise war der Gesuchte viel zu sehr damit beschäftigt, auf sein Surfbrett zu steigen, um zwanzig blasse Männer, die nichts taten, verdächtig zu finden, bis sie ihn dann im seichten Wasser umzingelten und abführten. Die anschließende Durchsuchung seiner Studiowohnung in Fréjus erbrachte zwei .357 Magnum Handfeuerwaffen und drei Granaten. Robert bekam seine Beförderung und wurde zum Dienst in Zivil am Marignane-Flughafen abgestellt, um seine exzellente Beobachtungsgabe voll einsetzen zu können.

An dieser Stelle unterbrach ich Robert, weil mich die scheinbaren Mängel in der offiziellen Überwachung des Flughafens in Marseille stets verwundert hatten. Ankommende Passagiere können ihr Handgepäck Freunden geben, während sie ihre Koffer von der Gepäckabfertigung holen, und wenn sie bloß Handgepäck haben, brauchen sie überhaupt nicht durch den Zoll. In Anbetracht des Rufs von Marseille kam mir dies seltsam fahrlässig vor.

Robert legte den Kopf schräg und einen Finger an die Nase. Das alles sei nicht ganz so *décontracté,* wie es schiene, sagte er. Dort gebe es allzeit Polizisten und *douaniers*, die manchmal als Manager, manchmal in T-Shirts und Jeans gekleidet seien, sich unter die Reisenden mischten, durch die Parkzonen wanderten und Augen und Ohren stets offenhielten. Er hatte selbst zwei oder drei kleine Schmuggler erwischt – keine großen Fische, bloß Amateure, die glaubten, sie seien in Sicherheit, sobald sie den Parkplatz erreicht hatten, sich dann auf die Schultern klopften und ungeniert redeten. Verrückt. Doch es gab auch Wochen, in denen nichts los war, und am Ende hätte ihn die Langeweile fertiggemacht. Die Langeweile und sein *zizi.* Er grinste und zeigte mit dem Daumen nach unten zwischen seine Beine.

Er hatte ein Mädchen angehalten – ein gutaussehendes, gut angezogenes Mädchen, sie reiste allein, der typische Drogen-»Maulesel« –, als sie in ein Auto mit Schweizer Kennzeichen stieg. Er stellte ihr die Standardfrage: Wie lang sie sich in Frankreich aufgehalten habe? Sie wurde nervös, dann freundlich, dann sehr freundlich, und die beiden verbrachten den Nachmittag zusammen im Airport-Hotel. Als Robert mit ihr das Hotel verließ, wurde er beobachtet. Das war's. *Fini.* Komischerweise war in der gleichen Woche ein Wärter im Beaumettes-Gefängnis dabei erwischt worden, wie er einem

Gefangenen Whisky in präparierten Yoghurtflaschen zugesteckt hatte. *Fini* auch für den.
Robert zuckte die Achseln. Es war falsch gewesen, es war dumm gewesen, aber Polizisten sind keine Heiligen. Bei der Polizei gäbe es immer *brebis galeuses,* schwarze Schafe. Er schaute in sein Glas – ganz das Bild eines schuldbewußten Mannes, der alte Missetaten bereut. Ein Fehler, und schon war eine Karriere im Eimer. Ich begann, Mitleid für ihn zu empfinden; ich sagte ihm das auch. Er griff über den Tisch und klopfte mir auf den Arm – und mit einer Bemerkung hat er den ganzen Eindruck dann wieder zerstört. Nach einem weiteren Drink, sagte er, würde er sich viel besser fühlen. Er lachte, und ich habe mich gefragt, wieviel von dem, was er mir erzählt hatte, wohl der Wahrheit entsprach.

In einem Augenblick von *pastis*-rüchiger *bonhomie* hatte Robert versprochen, eines Tages bei uns vorbeizukommen und uns in Sicherheitsfragen zu beraten. Ganz unverbindlich, hatte er gesagt, und falls wir uns entschließen sollten, uneinnehmbar zu werden, würde er die technisch modernsten Verbrecherfallen zu einem *prix d'amis* installieren.
Ich habe ihm gedankt und es wieder vergessen.
Gefälligkeiten, die einem in Bars angeboten werden, soll man nicht zu ernst nehmen, in der Provence schon gar nicht, wo selbst ein nüchternes Versprechen oft erst Monate später erfüllt wird. Und nachdem ich bemerkt habe, mit welchem Engagement Mitglieder der Öffentlichkeit auf den Straßen das Geheul eines Autoalarms ignorieren, war ich nicht mehr sehr davon überzeugt, daß elektronische Anlagen für Diebe und Einbrecher eine große Abschreckung darstellen. Ich hatte größeres Vertrauen in einen bellenden Hund.

Zu meiner Überraschung kam Robert tatsächlich, ganz wie er es angekündigt hatte, in einem silbernen BMW voller Antennen. Er trug gefährlich enge Hosen und ein schwarzes Hemd, ein aggressives Moschus-After-shave und summte vor sich hin. Der Glanz seiner Erscheinung erklärte sich von selbst angesichts der Begleitung, die er als seine Freundin Isabelle vorstellte. Sie wollten in Gordes zu Mittag essen, und Robert hatte sich gedacht, das sei eine ideale Gelegenheit, um Geschäftliches mit Vergnüglichem zu verbinden. So wie er das sagte, klang es unendlich anzüglich.
Isabelle war nicht älter als zwanzig. Eine blonde Locke fiel auf den Rand ihrer gigantischen Sonnenbrille. Ein kleiner Teil ihres Körpers war mit rosa Lurex überzogen, eine regenbogenfarbig schillernde Röhre, die weit oberhalb der Mitte ihrer Oberschenkel endete. Der höfliche Robert bestand darauf, daß sie auf den Stufen ins Haus voranging; daß ihn jeder ihrer Schritte entzückte, war nicht zu übersehen.
Während Isabelle sich mit dem Inhalt ihres Make-up-Täschchens beschäftigte, führte ich Robert durchs Haus, und er gab mir die erwartete Bewertung der Chancen, die unser Zuhause auch den einfältigsten Dieben mit Schraubenziehern bot. Er sah sich Fenster und Türen und Jalousien an, um sie als praktisch nutzlos abzutun. Und die Hunde? *Aucun problème.* Die ließen sich mit ein paar Brocken vergiftetem Fleisch unschädlich machen, und schon wäre das Haus in der Hand der Diebe. Roberts überwältigendes After-shave schlug mir entgegen, als er mich gegen die Wand drückte. Sie haben keine Ahnung, wozu diese Bestien fähig sind.
Er dämpfte seine Stimme, wurde vertraulich. Er wollte nicht, daß meine Frau mithören konnte, was er mir nun zu sagen hätte, da es etwas Heikles beträfe.

Einbrecher, so sagte er, seien oft abergläubisch. In vielen Fällen – und er hatte es öfter erlebt, als ihm lieb sei – hielten sie es für notwendig, sich in einem geplünderten Haus zu erleichtern, bevor sie es wieder verließen, am liebsten auf einem ausgelegten Teppich. Sie glaubten, auf die Weise bliebe das Unglück statt an ihnen am Haus hängen. *Merde partout*, sagte er, und sprach es so aus, als wäre er eben hineingetreten. *C'est désagréable, non? Désagréable* war ein milder Ausdruck.

Aber, so führte Robert aus, es gebe doch noch Gerechtigkeit in der Welt. Einmal sei eine ganze Gruppe von *cambrioleurs* nur wegen dieses Aberglaubens gefaßt worden. Das Haus war ausgeräumt, die Beute auf einem Laster verstaut worden und bis auf die Abschiedsgeste, um des Glücks willen, war alles erledigt. Dann habe aber der Anführer der Bande ziemliche Schwierigkeiten gehabt, seinen Obulus zu leisten. Er konnte tun, was er wollte – es kam nichts. Er war *très, très constipé.* Und deshalb saß er noch da, gekrümmt und fluchend, als die Polizei eintraf.

Es war eine ermutigende Geschichte, obwohl ich begriff, daß wir der Statistik zufolge eine Chance von eins zu fünf hatten, jemals von einem Einbrecher mit Verstopfung heimgesucht zu werden. Darauf konnten wir uns wirklich nicht verlassen. Robert nahm mich mit nach draußen und begann, mir seinen Plan zu erläutern, wie unser Haus in eine sichere Festung verwandelt werden könnte. Am Ende der Einfahrt sollte ein elektronisch funktionierendes Tor montiert sein. Vor dem Haus ein per Knopfdruck ausgelöstes Lichtsystem: alles, was schwerer war als ein Huhn und die Einfahrt heraufkäme, würde im Schein der Flutlichtlampen gefangen werden. Oft sei das bereits genug, um Einbrecher zum Aufgeben und

Weglaufen zu bewegen. Um aber vollständig geschützt zu sein, um schlafen zu können wie ein unschuldiges Baby, sollte man zusätzlich das letzte Wort in der Abschreckungstechnologie nutzen – *la maison hurlante,* das heulende Haus.

Robert hielt inne, um mir Gelegenheit zur Reaktion auf diesen scheußlichen Vorschlag zu geben, und schickte ein Lächeln zu Isabelle, die über die Sonnenbrille hinweg ihre Fingernägel betrachtete. Sie waren rosa und farblich perfekt auf ihr Kleid abgestimmt.

»*Ça va, chou-chou?*«

Sie schenkte ihm ein honiggelbes Schulterzucken, und es kostete ihn spürbare Anstrengung, seine Gedanken wieder heulenden Häusern zuzuwenden.

Alors, das Ganze funktionierte mit elektronischen Strahlen, die jede Tür, jedes Fenster, jede Öffnung schützten, die größer als ein Mauerriß ist. Falls ein entschlossener und leichtfüßiger Einbrecher also tatsächlich über die Stahltore klettern und auf Zehenspitzen die Flutlichter durchschreiten sollte, würde ein bloßer Fingerdruck an Fenster oder Tür das Haus zum Schreien bringen. Man könnte, *bien-sûr,* die Wirkung noch dadurch erhöhen, indem man auf dem Dach einen Lautsprecher anbrächte, damit die Schreie kilometerweit zu hören wären.

Damit nicht genug. Zur gleichen Zeit würde ein Partner von Robert, dessen Haus in der Nähe von Gordes mit dem System verbunden sei, unverzüglich mit geladenem *pistolet* und seinem großen Schäferhund herkommen. Bei solch vielschichtigem Schutz könnte ich vollkommen *tranquille* bleiben.

Es klang überhaupt nicht *tranquille.* Ich mußte sofort an Faustin denken und seinen Traktor, der auf dem Wege zu seinen Weinbergen morgens um sechs gegen die Stahltore rattern würde; an das Flutlicht, das die ganze Nacht über aufleuchten würde, wenn Füchse oder *sangliers* oder die Katze von nebenan über die Einfahrt liefen; an den dummen Zufall, der den Heulmechanismus auslösen konnte, und wie ich mich gegenüber einem wütenden Mann mit einer Knarre entschuldigen müßte, bevor sein Hund mich in Stücke zerrisse. Solche Strapazen schienen nicht einmal vertretbar, wenn sie eine Barrikade gegen die Touristen-Invasion im August garantiert hätten.

Glücklicherweise wurde Robert abgelenkt, so daß er mich nicht zum Kauf drängte. Isabelle war mit dem Zustand ihrer Fingernägel, mit der Positionierung ihrer Sonnenbrille, mit der Paßform ihrer Beinröhrchen zufrieden. Sie turtelte ihn über den Hof an. »*Bobo, j'ai faim.*«

»*Oui, oui, chérie. Deux secondes.*« Er drehte sich zu mir um und versuchte noch einmal, auf das Geschäftliche zu kommen, doch inzwischen war sein eigenes Heul- und Alarmsystem aktiviert und die Sicherheit unseres Hauses zweitrangig geworden.

Ich fragte, wo er zu Mittag essen wolle.

»*La Bastide*«, sagte er. »Kennen Sie's? War früher mal die *Gendarmerie*. Ein *flic* bleibt immer ein *flic*, eh?«

Ich erwähnte, meines Wissens sei *La Bastide* auch ein Hotel. Er zwinkerte mir zu. Er besaß die Fähigkeit, sich mit Zwinkern sehr deutlich auszudrücken. Diesmal war sein Zwinkern absolut schmierig.

»Ich weiß«, sagte er.

Bissen für Bissen mit dem sportlichen Gourmet

Durch Freunde hatten wir von Régis gehört. Sie hatten ihn bei sich zu Hause zum Abendessen eingeladen, und er rief morgens an, um sich zu erkundigen, was sie ihm vorsetzen würden. So etwas läßt selbst in Frankreich auf mehr als das übliche Interesse am Menü schließen, und die Gastgeberin war neugierig. Warum er das wissen möchte? Es gäbe kalte gefüllte *moules*, Schweinebraten mit Trüffelsauce, es gäbe verschiedenen Käse und zum Schluß hausgemachte Sorbets. Irgendein Problem? Ob er Allergien bekommen hätte? Ein Vegetarier geworden wäre? Sich, Gott behüte, an eine Diät halten müsse?

Aber nein, sagte Régis. Das klänge alles ganz köstlich. Doch es gäbe da *un petit inconvénient*, und zwar folgendes: Er litt momentan stark unter Hämorrhoiden und hatte Mühe, ein ganzes Diner sitzend durchzuhalten. Er schaffte zur Zeit nur einen Gang ohne Beschwerden und wollte sich den Gang aussuchen, der ihm am verlockendsten schien. Er war sicher, daß die Gastgeberin seine Lage verstand.

Sie verstand – weil es Régis war. Régis war, wie sie uns später erläuterte, ein Mann, dessen Leben ganz den Tafelfreuden gewidmet war; er war nahezu besessen vom Gedanken an Essen und Trinken. Aber kein Vielfraß, o nein – Régis war ein Gourmet, der zufällig einen riesigen, wählerischen Appetit hatte. Außerdem könnte er, sagte sie, über sich und seine

Leidenschaft scherzen und amüsant sein; und er hätte einige interessante Ansichten über die englische Einstellung zum Essen. Es würde uns vielleicht Freude machen, ihn kennenzulernen, wenn er sich von seiner *crise postérieure* erholt hätte. Und so lernten wir ihn ein paar Wochen später kennen.

Er kam in Eile mit einer Flasche Champagner – Krug – unter dem Arm, die nicht ganz die ideale, kühle Temperatur hatte, und brachte die ersten fünf Minuten damit zu, sich um einen Eiskübel zu kümmern und den Champagner auf die richtige Temperatur zu bringen, die ihm zufolge zwischen null und zwei Grad lag. Während er die Flasche behutsam im Eimer drehte, erzählte er uns von einem großen Diner, an dem er eine Woche zuvor teilgenommen hatte – eine gastronomische Katastrophe. Der einzig genüßliche Moment war, seiner Erzählung zufolge, erst zum Schluß gekommen, als sich eine Dame von der Gastgeberin verabschiedete.

»Welch ein außergewöhnlicher Abend!« hatte sie gemeint. »Bis auf den Champagner war alles kalt.«

Régis bebte vor Lachen und zog den Korken mit solcher Behutsamkeit heraus, daß beim Öffnen der Flasche nur ein leichter, schäumender Seufzer zu hören war.

Régis war ein kräftig gebauter Mann mit tiefblauen Augen, wie man sie in dunkelhäutigen provenzalischen Gesichtern überraschenderweise manchmal findet. Im Unterschied zu der übrigen, konventionell gekleideten Runde, trug er einen Trainingsanzug – blaßblau, mit rotem Saum und auf der Brust eingestickt *Le Coq Sportif*. Sportlich war auch sein Schuhwerk – komplizierte Kreationen mit mehrfarbig geschichteten Gummisohlen, die eher für einen Marathonlauf geeignet waren als dazu, einen ganzen Abend unter dem Eßtisch zu verbringen. Er bemerkte meinen Blick.

»Ich muß es beim Essen bequem haben«, erklärte er, »und es gibt nichts Bequemeres als Sportkleidung. Im übrigen ...« er zog am Gummiband seiner Hose und ließ es wieder zurückschnellen, »... kann man sich auf die Weise Platz für eine zweite Portion verschaffen. *Très important.*« Er hob grinsend das Glas. »Auf England und die Engländer, solange sie ihr Essen für sich behalten.«

Die Franzosen, die wir kennengelernt hatten, hatten meist nur Verachtung übrig für *la cuisine Anglaise,* ohne sie wirklich zu kennen. Das war bei Régis anders. Er hatte die Engländer und ihre Eßgewohnheiten studiert und ließ uns beim Essen wissen, was wir falsch machten.

Es beginnt, wie er ausführte, bereits im Babyalter. Das englische Kleinkind wird mit fadem Brei gefüttert, mit jener Art von Futter, das man eigentlich nur dummen Hühnern geben könnte, *sans caractère, sans goût.* Dagegen wird das französische Baby bereits vor dem Zahnen wie ein menschliches Wesen mit Geschmacksnerven behandelt. Zum Beweis beschrieb Régis das Warenangebot von Gallia, einem der führenden Hersteller von Kindernahrung. Es enthielt Hirn, Schollenfilet, Obst, Gemüse, Pudding aus Quitten und Heidelbeeren, *crème caramel* und *fromage blanc.* Und all das und mehr, betonte Régis, bevor das Kind achtzehn Monate alt ist. Sie verstehen? Der Gaumen wird erzogen. Er hielt inne, um den Kopf über das Hähnchen in Estragon zu beugen, das ihm soeben vorgesetzt worden war; er atmete ein und zog die Serviette zurecht, die er in den Kragen seines Trainingsanzugs gesteckt hatte.

Er übersprang dann ein paar Jährchen bis zu dem Zeitpunkt, wenn der werdende Gourmet die Schule besucht. Ob ich mich an meine Schulnahrung erinnern könne, wollte er wissen. Und ob, mit Entsetzen – ich nickte verständnisvoll. Das Essen an englischen Schulen, so sagte er, ist berühmtermaßen schlecht. Es ist langweilig, *triste* und rätselhaft, weil man nie weiß, *was* man da hinunterzuwürgen versucht. An der Dorfschule dagegen, die seine fünfjährige Tochter besucht, wird der Speisezettel für die ganze Woche am Schwarzen Brett ausgehängt, damit es zu Hause nicht noch einmal dasselbe gäbe, und es gibt mittags immer drei Gänge. So hatte die kleine Mathilde gestern in der Schule beispielsweise einen Selleriesalat mit einer Scheibe Schinken und Käse-*quiche, riz aux saucisses* und gebackene Bananen bekommen. *Voilà!* Der Gaumen wird ausgebildet, und deshalb ist es ganz natürlich, daß der erwachsene Franzose ein besseres kulinarisches Verständnis hat und an seine Nahrung höhere Erwartungen stellt.

Régis schnitt eine dicke Birne durch, die er zum Käse essen wollte, und richtete das Messer auf mich, als ob ich für den schlecht ausgebildeten englischen Gaumen verantwortlich wäre. Und nun, sagte er, zu den Restaurants. Er schüttelte sorgenvoll den Kopf und legte die Hände auf den Tisch, die Handteller nach oben, die Finger zusammengepreßt. Auf der einen Seite – er hob seine linke Hand ein paar Zentimeter – gibt es *le pub*. Malerisch, aber das Essen dort dient nur als Schwamm für das Bier. Auf der anderen Seite – er hob die Rechte, ein wenig höher – gibt es die teuren Restaurants für *hommes d'affaires,* deren Essen von Firmen bezahlt wird. Und dazwischen? Régis schaute auf die Fläche zwischen seinen beiden Händen, die Mundwinkel nach unten gezogen, auf seinem Gesicht zeigte sich ein Ausdruck von Verzweiflung. Dazwischen die Wüste, *rien*. Wo sind Ihre *bistrots*, wollte er von mir wissen. Wo sind die Restaurants mit einer anständigen *bourgeois* Küche? Wo sind Ihre *relais routiers?* Wer, außer den Reichen, kann sich in England den Besuch eines Restaurants überhaupt leisten?

Ich hätte ihm gern widersprochen, doch dazu fehlte es mir an Munition. Er stellte Fragen, die wir uns oft genug selbst gestellt hatten, als wir in England auf dem Lande wohnten, wo man zwischen Pubs und aufgedonnerten Restaurants mit vorgetäuschter Qualität zu Londoner Preisen zu wählen hatte. Am Ende hatten wir kapituliert – vor den Spezialitäten aus dem Mikrowellenherd und vor Tafelweinen, die von inkompetenten Menschen mit Namen wie Justin und Emma in anspruchsvollen Weinkörben serviert wurden.

Régis rührte in seinem Kaffee und schwankte kurz zwischen Calvados und der hohen, überfrorenen Flasche von *eau de vie de poires* von Manguin in Avignon. Ich erkundigte mich nach seinen Lieblingsrestaurants.

»Da gibt es natürlich immer Les Baux«, meinte er. »Aber die Rechnungen dort sind spektakulär.« Er schüttelte seine Hand, als ob er sich die Finger verbrannt hätte. »Das ist nichts für jeden Tag. Im übrigen sind mir bescheidenere, weniger bekannte Lokale lieber.«

Mit anderen Worten, bemerkte ich, typisch französische Restaurants.

»*Voilà!*« sagte Régis. »Französische Restaurants und solche mit einem *rapport qualité-prix*. Das Preis-Leistungs-Verhältnis muß stimmen. Und das ist hierzulande noch immer gegeben. Ich habe das gründlich studiert.« Da war ich sicher, aber er hatte mir außer Les Baux noch keine weiteren Namen genannt, und Les Baux hatten wir aufgeschoben für die Zeit, sobald wir in der Klassenlotterie gewonnen hätten. Ob er etwas weniger Grandioses empfehlen könne?

»Wenn Sie wollen«, sagte Régis, »wäre es ganz amüsant, in zwei Restaurants zu essen. Sehr unterschiedliche Restaurants, aber beide von hohem Niveau.« Er schenkte sich einen zweiten Calvados ein – »für die Verdauung« – und lehnte sich zurück. »Jawohl«, sagte er, »das ist mein Beitrag zur Erziehung der Engländer. Ihre Frau kommt mit, *naturellement.*« Selbstverständlich würde sie mitkommen. Die Frau von Régis konnte leider nicht bei uns sein. Sie blieb zu Hause, um das Abendessen vorzubereiten.

Wir sollten ihn in Avignon treffen, in einem der Cafés an der Place de l'Horloge, wo er uns das erste von den beiden Restaurants nennen würde. Er küßte sich am Telefon lautstark die Fingerspitzen und riet uns, uns für den Nachmittag nichts mehr vorzunehmen. Nach einem Mittagessen, wie er es plante, wäre ein *digestif* alles, wozu man noch fähig wäre. Wir beobachteten ihn vom Café aus, wie er über die *place* auf uns zu kam; für einen so gewichtigen Menschen bewegte er sich in seinen schwarzen Baseball-Stiefeln und seinem Trainingsanzug leicht und unbeschwert. Der Trainingsanzug war ebenfalls schwarz; auf dem einen Oberschenkel stand in rosa Buchstaben UCLA. Régis trug einen Einkaufskorb und eine Handtasche mit Reißverschluß, wie französische Manager sie für ihre persönlichen Utensilien und Fläschchen von *eau de cologne* für alle Fälle bei sich haben.
Er bestellte ein Glas Champagner und zeigte uns zwei winzige Melonen – sie waren kaum größer als Äpfel –, die er soeben auf dem Markt gekauft hatte. Sie mußten ausgelöffelt und mit einer Füllung von Grapefruitsaft-Likör und Brandy für vierundzwanzig Stunden in den Kühlschrank gestellt werden. Sie schmeckten, so versicherte er uns, wie die Lippen eines

jungen Mädchens. Daran hatte ich bei Melonen wirklich noch nie gedacht – was ich allerdings auf die Mängel des englischen Erziehungswesens zurückführte.
Mit einem letzten zärtlichen Quetschen ihrer winzigen grünen Popos legte Régis die Melonen in den Korb zurück und wandte sich dem Geschäft des Tages zu.
»Wir werden«, erklärte er, »zu Hiély gehen, gleich drüben in der Rue de la République. Pierre Hiély ist ein Fürst der Köche. Er steht seit zwanzig Jahren am Herd, seid fünfundzwanzig Jahren, und ist ein wahres Wunder. Nie ein enttäuschendes Mahl!« Régis drohte uns mit dem Finger. »*Jamais.*«
Abgesehen von einer kleinen gerahmten Karte am Eingang unternimmt Hiély nichts, Vorübergehende anzulocken. Die schmale Tür öffnet sich in einen schmalen Gang; zum Restaurant führt eine Treppe nach oben. Es ist ein großer Raum mit einem hübschen Parkettfußboden in Fischgrätmuster und nüchternen Farben, und die Tische stehen angenehm weit voneinander entfernt. Wie in den meisten guten französischen Restaurants wird der Gast, der für sich allein ißt, genausogut behandelt wie eine Gruppe. Tische für den einzelnen Gast sind nicht irgendwo in eine tote Ecke geklemmt, sondern stehen im Alkoven mit Fenster, aus denen man auf die Straße hinausblickt. Sie waren bereits besetzt – von Männern in Anzügen, vermutlich Geschäftsleuten der Stadt, die ihr Mittagessen in zwei Stunden hinter sich zu bringen hatten, bevor sie wieder ins Büro mußten. Die anderen Gäste, bis auf uns nur Franzosen, waren weniger förmlich gekleidet. Ich erinnerte mich an ein hochnobles Restaurant in der englischen Grafschaft Somerset, wo man mich nicht eingelassen hatte, weil ich keine Krawatte trug – dergleichen ist mir in Frankreich nie passiert. Hier saß Régis, obwohl er in

seinem Trainingsanzug aussah wie ein Flüchtling aus der Turnhalle der Weight Watchers, und wurde von Madame wie ein König begrüßt, als er seinen Einkaufskorb in der Garderobe abgab und fragte, ob Monsieur Hiély in Form sei. Madame gestattete sich ein Lächeln. »*Oui, comme toujours.*«

Régis strahlte und rieb sich die Hände, als wir zu unserem Tisch begleitet wurden; er schnüffelte in die Luft, ob er irgendwelche Hinweise auf das Weitere entdecken könnte. In einem anderen Lieblingsrestaurant, so berichtete er, durfte er in die Küche und schloß dort die Augen, um sich bei der Wahl der Speisen von seiner Nase leiten zu lassen.

Er steckte sich die Serviette in den Kragen und murmelte dem Kellner etwas zu. »*Un grand?*« fragte der Kellner. »*Un grand*«, sagte Régis, und sechzig Sekunden später wurde ein großer, beschlagener Glaskrug vor uns abgestellt. Régis wurde professoral; der Unterricht sollte beginnen. »In einem seriösen Restaurant«, setzte er an, »kann man sich immer auf die offenen Weine verlassen. Dieser hier ist ein Côtes-du-Rhône. *Santé.*« Er nahm einen großzügigen Schluck und kaute ihn ein paar Sekunden lang, bevor er seine Zufriedenheit mit einem Seufzer bekundete.

»*Bon.* Gestatten Sie mir einige Ratschläge zum Menü? Es gibt hier, wie Sie sehen, eine *dégustation*, und sie ist köstlich, doch vielleicht für ein einfaches Mittagessen ein bißchen zu umfangreich. Es gibt auch eine gute Auswahl *à la carte.* Wir dürfen aber nicht vergessen, aus welchem Anlaß wir hier sind.« Er schaute uns über sein Weinglas hinweg an. »Es geht darum, daß Sie den *rapport qualité-prix* kennenlernen. Für fünfhundert Francs pro Person kann Sie jeder gute Koch verköstigen. Bei weniger als der Hälfte muß er beweisen, was er kann. Ich schlage deshalb das kleine Menü vor. *D'accord?*«

Wir waren *d'accord.* Das kurze Menü reichte völlig aus, um einem Michelin-Gutachter den Mund wäßrig zu machen; von uns beiden Engländern ganz zu schweigen. Wir hatten ein wenig Mühe, uns zu entscheiden, während Régis sich summend mit der Weinkarte beschäftigte. Er rief den Kellner zu einer zweiten ehrfürchtig gemurmelten Beratung.

»Ich breche meine eigene Regel«, sagte Régis. »Der offene Rotwein ist natürlich makellos. Doch hier«, er klopfte auf die aufgeschlagene Seite vor ihm, »gibt es einen kleinen Schatz, *pas cher*, von der Domaine de Trévallon nördlich von Aix. Nicht zu schwer, aber mit dem Charakter eines großen Weins. Sie werden sehen.«

Während ein Kellner sich in den Weinkeller begab, brachte ein anderer einen Imbiß, der uns bei Kräften halten sollte, bis der erste Gang zubereitet war – kleine Aufläufe mit einer Füllung aus cremiger *brandade* von Kabeljau gekrönt mit einem winzigen, perfekt gebratenen Wachtelei und garniert mit schwarzen Oliven. Régis schwieg konzentriert. Ich vernahm das feuchte Quietschen von Korken, die aus den Flaschen gezogen wurden, die leisen Stimmen der Kellner und das unterdrückte Klappern von Messern und Gabeln auf Porzellantellern.

Régis wischte die Reste seines Auflaufs mit einem Stück Brot vom Teller – er gebrauchte Brot wie ein Instrument, um die Speise auf die Gabel zu schieben – und schenkte Wein nach. »*Ça commence bien, eh?*«

Und das Mittagessen ging weiter, wie es begonnen hatte: *bien.* Einem Stück *foie gras* in einer dickflüssigen, doch delikaten Sauce von wilden Pilzen und Spargel folgten hausgemachte Würste vom Sisteron-Lamm mit Salbei und dazu eine *confiture* roter süßer Zwiebeln und, auf einem eigenen, flachen Teller, ein *gratin* aus Kartoffeln, die so dünn geschnitten waren wie meine Serviette – nur eine knusprige Schicht, die mir auf der Zunge zerging.

Nachdem der schlimmste Hunger gestillt war, konnte Régis das Gespräch wieder aufnehmen, und er berichtete uns von einem Buchprojekt. Er hatte in der Zeitung gelesen, daß während des Festivals in Avignon ein internationales Zentrum für Studien über Marquis de Sade eröffnet werden sollte. Zu Ehren des *divin marquis* sollte auch eine Oper aufgeführt werden und ein Champagner seinen Namen tragen. Diese Ereignisse signalisierten ein neuerwachtes öffentliches Interesse an dem alten Ungeheuer und, wie Régis zu Recht betonte, selbst Sadisten müssen essen. Er hatte die Idee, ihnen adäquate Rezepte zu liefern.

»Ich werde es *Cuisine Sadique* nennen: Das *Marquis-de-Sade-Kochbuch*«, erklärte er. »Alle Zutaten werden geschlagen, ausgepreßt, zerstoßen und angebraten. In den Beschreibungen werden zahlreiche schmerzbezogene Wörter verwendet, und damit, da bin ich mir sicher, wird das Buch in Deutschland ein *succès fou*. Für England brauche ich Ihren Rat.« Er beugte sich vor; seine Stimme wurde vertraulich. »Ist es wahr, daß alle Männer, die eine Public School besucht haben, scharf sind auf ... *comment dirais-je?* ... eine gewisse kleine Bestrafung?« Er nippte an seinem Wein und hob die Brauen. *»Le spanking, non?«*

Er solle versuchen, einen Verleger zu finden, der in Eton zur Schule gegangen sei, riet ich ihm, und ein Rezept zusammenstellen, das *flogging* berücksichtigte.

»Qu'est-ce que ça veut dire, flogging?«

Ich erläuterte die Sache, so gut ich konnte. Régis nickte. »*Ah, oui.* Vielleicht könnte man *flogging* mit einer Hühnerbrust praktizieren, sie mit einer sehr scharfen Zitronensauce ›auspeitschen‹. *Très bien.*« Er machte sich in einer kleinen, ordentlichen Handschrift Notizen auf der Rückseite seines Scheckhefts. »*Un bestseller, c'est certain.*«

Der Bestseller wurde zur Seite gelegt, als Régis uns auf eine Tour zum Käsewagen mitnahm. Unterwegs blieb er oft stehen, um uns und den Kellner zu belehren über das korrekte Verhältnis von hart und weich, *piquant* und *doux,* frisch und gereift. Von den zwanzig und mehr Käsesorten wählte er fünf aus und beglückwünschte sich zu der weisen Voraussicht, daß wir eine zweite Flasche Trévallon brauchen würden.

Ich biß in einen gepfefferten Ziegenkäse und spürte auf meiner Nase das Prickeln von Schweiß. Der Wein glitt hinab wie Seide. Es war eine wundervolle Mahlzeit gewesen, wirklich zufriedenstellend, und mit der unauffälligen Effizienz professioneller Kellner serviert. Ich ließ Régis wissen, wie sehr ich das alles genossen hätte. Er schaute mich voller Verwunderung an.

»Aber es ist noch nicht zu Ende. Es gibt noch mehr.« Ein Teller mit winzigen Meringen wurde auf den Tisch gestellt. »Ah«, meinte er, »die sollen uns auf das Dessert vorbereiten. Sie schmecken zart wie Wolken.« Er aß rasch zwei davon und schaute sich in der Runde um, ob der Ober für Dessert uns auch nicht vergessen hatte.

Ein zweites Gefährt – größer und voller beladen als der Käsewagen – wurde vorsichtig zu unserem Tisch gerollt und vor unsere Augen gestellt. Er hätte jedem, der mit Gewichtsproblemen zu kämpfen hat, tiefstes Unbehagen verursacht: Da standen Schüsseln mit frischer Sahne und *fromage blanc,* getrüffelter Schokoladenkuchen mit Schokoladenglasur, Gebäck, *vacherins*, rumgetränkte *babas*, Torten, Sorbets, *fraises de bois,* in Sirup eingelegtes Obst – das alles war für Régis zu viel, er konnte es sitzend nicht begutachten, und so stand er auf und schlich um den Wagen herum, um sich zu vergewissern, daß hinter den frischen Himbeeren nicht noch etwas versteckt war.

Meine Frau bestellte Eiscreme mit Honig aus der Umgebung, und der Kellner nahm einen Löffel aus dem Topf mit heißem Wasser, formte das Eis mit einer eleganten Bewegung des Handgelenks. Er stand mit Teller und Löffel da und wartete auf weitere Instruktionen. »*Avec ça?*«

»*C'est tout, merci.*«

Régis machte die Zurückhaltung meiner Frau wett, indem er eine Auswahl von »Texturen« bestellte – Schokolade, Gebäck, Obst und Sahne – und die Ärmel seines Trainingsanzugs bis über die Ellbogen hochschob. Selbst ihm war die Anstrengung anzumerken.

Ich bestellte Kaffee. Entsetztes Schweigen. Régis und der Kellner starrten mich an.

»*Pas de dessert?*« fragte der Kellner.

»Es gehört zum Menü«, sagte Régis.

Die beiden schienen beunruhigt, als wäre ich plötzlich erkrankt, aber es hatte keinen Zweck. Hiély hatte durch K. o. gewonnen.

Die Rechnung belief sich auf 230 Francs pro Person, plus der Wein – ein erstaunliches Preis-Leistungs-Verhältnis. Für 280 Francs hätten wir das umfangreiche *menu dégustation* haben können. Vielleicht das nächste Mal, meinte Régis. Ja, vielleicht das nächste Mal, nach drei Tagen Fasten und einem Marsch von drei Kilometern.

Der zweite Teil des Gastronomiekurses wurde verschoben, weil Régis seine jährliche Kur absolvieren mußte. Zwei Wochen lang aß er mit Maßen – drei Gänge statt der üblichen fünf – und spülte seine Leber mit Mineralwasser durch. Er brauchte das, um seinen Corpus zu verjüngen.

Er schlug, um das Ende des *régime* zu feiern, ein Mittagessen in einem Restaurant mit dem Namen *Le Bec Fin* vor und riet mir, spätestens Viertel nach zwölf dort zu sein, damit wir auch bestimmt einen Tisch bekämen. Ich dürfte eigentlich keine Mühe haben, es zu finden. Es lag an der RN 7 in Orgon; man erkenne es an der großen Zahl von Lastern auf dem Parkplatz. Man müsse nicht unbedingt ein Jackett tragen.

Meine Frau, die in Zeiten großer Hitze vernünftiger ist als ich, blieb zu Hause, um den Swimmingpool zu bewachen.

Als ich eintraf, war das Restaurant von Lastern völlig umstellt. Die Führerkabinen standen dicht an den Baumstämmen, um die winzigen Schatten zu nützen. Ein halbes Dutzend Autotransporter standen Seite an Seite am gegenüberliegenden Steinvorsprung. Ein Verspäteter verließ die Straße, schob sich in einen engen Parkstreifen direkt neben den Speiseraum und stellte mit einem hydraulischen Zischen der Erleichterung den Motor ab. Der Fahrer stand einen Augenblick in der Sonne und entspannte den Rücken; die Form seines gebückten Rückens entsprach ganz genau der großzügigen Rundung seines Bauchs.

Die Bar war voll und laut; große, kräftige Männer, große Schnurrbärte, große Bäuche, große Stimmen. Régis stand mit einem Glas in einer Ecke und wirkte im Vergleich zu ihnen fast zierlich. Er war für den Juli angezogen: Shorts und ein ärmelloses Unterhemd, und er hatte die Handtasche ums Armgelenk gehängt.

»Salut!« Er leerte den Rest seines *pastis* und bestellte zwei neue. *»C'est autre chose, eh? Pas comme Hiély.«*
Der Unterschied hätte größer nicht sein können. Hinter der Bar hing eine Warnung. Das Schild war feucht vom nassen Tuch, mit dem Madame saubermachte. Die Warnung lautete – *Danger! Risque d'enguelade!* – Hüten Sie sich vor einem Handgemenge! Durch die offene Tür, die zu den Toiletten führte, konnte ich ein anderes Schild erkennen: *Douche, 8 Francs.* Aus einer unsichtbaren Küche drang das Klappern von Pfannen und der Geruch von heißem Knoblauch.
Ich erkundigte mich, wie Régis sich nach seiner selbstauferlegten Zurückhaltung fühle, und er drehte sich zur Seite, um seinen Bauch im Profil vorzuführen. Madame, die hinter der Bar mit einem Holzspachtel gerade den Schaum von einem Bierglas strich, schaute auf. Sie inspizierte die langgezogene Kurve, die unmittelbar unter der Brust von Régis ansetzte und im Überhang über das Gummiband der Shorts auslief. »Wann ist es denn soweit?« fragte sie.
Wir schritten durch den Speiseraum und fanden im hinteren Teil einen leeren Tisch. Eine kleine, dunkle Frau mit einem hübschen Lächeln und einem undisziplinierten schwarzen BH-Träger, der sich ihrem Ordnungsbemühen widersetzte, kam und machte uns mit den Sitten bekannt. Für den ersten Gang mußten wir uns am Buffet selbst bedienen; anschließend hatten wir die Wahl zwischen Rind, Kalamari und *poulet fermier.* Die Weinkarte war kurz – rot oder rosé. Er wurde in Literflaschen mit einem Plastikverschluß und einer Schüssel mit Eiswürfeln serviert. Die Kellnerin wünschte uns *bon appétit,* machte einen Knicks, der fast schon ein Hofknicks war, schob ihren BH-Träger zurück und marschierte mit unserer Bestellung davon.

Régis öffnete die Weinflasche mit vollendeter Form und roch an dem Plastikstöpsel. »Aus Var«, sagte er. »*Sans prétention, mais honnête.*« Er nahm einen Schluck und zog den Wein langsam durch die Zähne. »*Il est bon.*«

Wir mischten uns unter die Fernfahrer am Buffet. Sie vollführten kleine Wunder an Gleichgewichtskunststücken, da sie ihre Teller auffüllten, als ob dies bereits die gesamte Mahlzeit wäre: zwei Arten von *saucisson,* hartgekochte Eier mit Mayonnaise, feuchte Knäuel von *céleri rémoulade,* safrangelber Reis mit rotem Paprika, winzige Erbsen und Karotten in Scheiben, eine *terrine* Schweinefleisch in Blätterteig, *rillettes,* kalter Tintenfisch, Scheiben von frischer Melone.

Régis maulte über die Größe der Teller und nahm zwei; den zweiten stellte er mit der Grazie eines Obers auf die Innenseite seines Vorderarms, während er die Schüsseln des Buffets plünderte, ohne auch nur eine einzige auszulassen.

Als wir an unseren Tisch zurückkehrten, herrschte für einen Moment Panik. Unmöglich, ohne Brot ans Essen zu denken! Wo war das Brot? Régis fing den Blick unserer Kellnerin auf und führte eine Hand an den Mund, wobei er mit zusammengelegten Fingern und Daumen Kaubewegungen imitierte. Sie zog aus der braunen Papiertüte in der Ecke eine *baguette* und ließ sie mit einer Geschwindigkeit durch die Guillotine sausen, daß ich zusammenzuckte. Die Scheiben des Brots dehnten sich immer noch vom Druck der Klingen, als sie vor uns abgestellt wurden.

Ich meinte, Régis könnte die Brotguillotine vielleicht für sein Marquis-de-Sade-Kochbuch verwenden. Er hielt mitten in einem *saucisson* inne.

»*Peut-être*«, sagte er, »aber man muß aufpassen, vor allem, was den amerikanischen Markt betrifft. Hast du von den Schwierigkeiten mit Champagner gehört?«

Der Champagner des Marquis de Sade war im Lande der Freiheit, wie Régis in einem Zeitungsbericht gelesen hatte, nicht willkommen gewesen, und zwar wegen seiner Etiketten, die eine Zeichnung von der oberen Hälfte einer wohlgebauten jungen Frau zierte. Das hätte vielleicht noch kein Problem gegeben; aber dem scharfsichtigen Hüter der öffentlichen Moral war aufgefallen, wie die junge Frau ihre Arme hielt. Es war nicht explizit, auf dem Etikett nicht mehr ersichtlich, doch es gab eine winzige Andeutung, daß ihr die Arme gefesselt sein könnten.

Oh là là. Man stelle sich die Auswirkung solcher Abartigkeit auf die Jugend des Landes vor, ganz zu schweigen von empfänglicheren Erwachsenen. Das gesellschaftliche Band würde zerrissen; es würde Champagner und Fessel-Partys im ganzen Land geben, von Santa Barbara bis nach Boston. Was in Connecticut passieren würde, konnte nur Gott wissen.

Régis nahm das Essen wieder auf; seine Papierserviette steckte oben im Unterhemd. Am Nachbartisch knöpfte sich ein Mann vor dem zweiten Gang das Hemd auf, zwischen den pelzigen Brüsten hing ein goldenes Kruzifix. Es gab im ganzen Raum wohl niemanden, der sich beim Essen zurückhielt, und ich fragte mich, wie die Herren danach am Steuer eines Fünfzigtonners wachsam bleiben konnten.

Wir wischten die leeren Teller und anschließend die Messer und Gabeln mit Brot sauber. Unsere Kellnerin kam mit drei ovalen Gefäßen aus rostfreiem Stahl; sie waren kochend heiß. In dem ersten befanden sich zwei Hälften vom Hähnchen im Bratensaft; in dem zweiten mit Knoblauch und Petersilie gefüllte Tomaten; in dem dritten winzige Kartoffeln, die mit

Kräutern geröstet waren. Régis beroch alles, bevor er mir auflegte.

»Was essen die *routiers* in England?«

Zwei Eier, Speck, Pommes frites, gebackene Bohnen, eine Scheibe geröstetes Brot, einen halben Liter Tee.

»Keinen Wein? Keinen Käse? Keine Nachspeisen?«

Meines Wissens nicht – meine Kenntnisse über *routiers* waren freilich begrenzt. Vielleicht hielten sie bei einem Pub an, meinte ich, doch die gesetzlichen Bestimmungen bezüglich Alkohol am Steuer seien streng.

Régis schenkte Wein nach. »Bei uns in Frankreich«, sagte er, »ist meines Wissens ein *apéritif*, eine halbe Flasche Wein und ein *digestif* erlaubt.«

Ich hatte irgendwo einmal gelesen – und teilte es Régis auch mit –, daß die Unfallrate in Frankreich höher sei als überall sonst in Europa, und doppelt so hoch wie in Amerika.

»Das hat mit Alkohol nichts zu tun«, sagte Régis. »Das ist eine Frage des nationalen *esprit*. Wir sind ungeduldige Menschen, und wir lieben hohe Geschwindigkeiten. *Malheureusement* sind nicht alle von uns gute Fahrer.« Er wischte seinen Teller aus und wechselte das Thema. Es gab für ihn Angenehmeres.

»Ein vorzügliches Hähnchen, meinen Sie nicht auch?« fragte er. Er nahm einen Knochen vom Teller und prüfte ihn mit den Zähnen. »Gute, starke Knochen. Es ist auf die richtige Art aufgezogen worden, im Freien. Die Knochen eines Batteriehuhns sind wie *papier-mâché*.«

Es war wirklich ein Qualitätshähnchen, das Fleisch fest, doch zart, und perfekt zubereitet wie die Kartoffeln und die Knoblauchtomaten auch. Ich sei nicht nur von der Qualität der Speisen überrascht, sagte ich, sondern auch von den Portio-

nen. Und ich wüßte ja, daß die Rechnung uns nicht weh tun würde.
Régis reinigte erneut Messer und Gabel und gab der Kellnerin einen Wink, den Käse zu bringen.
»Das ist ganz einfach«, sagte er. »Der *routier* ist ein guter, ein sehr guter Kunde. Er ist immer bereit, fünfzig Kilometer Umweg zu machen, um zum richtigen Preis gut zu essen, und er wird es anderen *routiers* weitererzählen, daß dieses Restaurant einen Umweg wert ist. Solange die Qualität gewährleistet ist, wird es hier nie leere Tische geben.« Er winkte mit einem Stück Brie zum Speiseraum. *»Tu vois?«*
Ich schaute mich um und gab das Zählen rasch wieder auf, denn dort mußten an die hundert Männer essen und dreißig weitere hielten sich wahrscheinlich an der Bar auf.
»Ein solides Geschäft. Doch wenn der *Chef* geizig wird, oder wenn er beginnt zu betrügen oder wenn die Bedienung zu langsam ist, bleiben die *routiers* weg. Innerhalb eines Monats wird keiner mehr kommen. Nur ein paar Touristen.«
Draußen rumpelte es. Es wurde hell im Zimmer, weil ein Laster von seinem Parkplatz vor dem Fenster abfuhr. Unser Nachbar mit dem Kruzifix setzte zum Dessert – ein Schüsselchen mit drei verschiedenen Eiscremes – die Sonnenbrille auf.
»Glaces, crème caramel, ou flan?« Der schwarze BH-Träger wurde an seinen Platz geschoben, rutschte aber sofort wieder von der Schulter, als die Kellnerin abräumte.
Régis aß seine *crème caramel* mit leisen, saugenden Lauten des Genießens und griff nach der Eiscreme, die er für mich bestellt hatte. Ich würde es nie bis zum *routier* schaffen. Mir fehlte die nötige Kapazität.
Es war noch früh, nicht einmal zwei Uhr, der Raum leerte sich. Die Rechnungen wurden bezahlt – riesige Finger öffne-

ten zierliche Täschchen, um sorgsam gefaltete Geldscheine hervorzuziehen; die Kellnerin knickste und lächelte und schob den Träger hoch, als sie das Kleingeld zurückgab und den Männern *bonne route* wünschte.

Wir tranken doppelt starken Kaffee, der unter dem Schaum brauner Blasen schwarz und kochendheiß war, und dazu in kleinen, runden Gläsern Calvados. Régis kippte sein Glas, bis die Rundung den Tisch berührte und die goldene Flüssigkeit genau an den Rand reichte – die alte Methode, wie er erklärte, um das Maß nachzuprüfen.

Die Rechnung für uns beide zusammen betrug 140 Francs. Wie unser Essen bei Hiély auch, hatten wir viel Gutes für unser Geld bekommen, und ich empfand nur Bedauern, als wir nach draußen gingen und die Hitze der Sonne spürten. Wenn ich ein Handtuch mitgebracht hätte, könnte ich mich jetzt duschen.

»Nun«, sagte Régis, »das wird mich bis heute abend zusammenhalten.« Wir gaben uns die Hand, und er drohte mir für die nächste pädagogische Exkursion eine *bouillabaisse* in Marseille an.

Ich kehrte in die Bar zurück, um noch einen Kaffee zu trinken und mal zu sehen, ob ich mir nicht vielleicht ein Handtuch leihen konnte.

Randnotizen zu Mode und Sport von der Hundeschau in Ménerbes

Gewöhnlich ist das Stadion von Ménerbes, ein flaches Feld inmitten der Weinberge, Schauplatz von beliebten Spielen der Dorffußballmannschaft. Dann steht wohl ein Dutzend Autos unter den Fichten, und die Fans teilen ihre Aufmerksamkeit zwischen dem Match und ihren reichhaltigen Picknicks. Doch einmal im Jahr, üblicherweise am zweiten Sonntag im Juni, wird das Stadion umfunktioniert. Über den öffentlichen Waldwegen hängen Wimpel in den provenzalischen Farben Rot und Gelb. Man schafft zusätzliche Parkplätze in einer überdimensionalen Senke, die zu diesem Zwecke hergerichtet wird. Längs der Straßenseite des Stadions wird eine Wand aus Bambus-*canisse* errichtet, damit Vorübergehende die Ereignisse nicht miterleben können, ohne zuvor ihre fünfzehn Francs Eintritt zu zahlen. Es geht hier ja schließlich um den gesellschaftlichen Höhepunkt des Jahres, die *Foire aux Chiens de Ménerbes* – eine Kreuzung der englischen Hundeschau in Crufts und dem Rennen in Ascot.

Das Ereignis begann in diesem Jahr lautstark und sehr früh. Wir hatten kurz nach sieben Uhr unsere Türen und Fensterläden geöffnet, um den einen Morgen in der Woche zu genießen, wenn der Traktor unseres Nachbarn zu Hause bleibt. Die Vögel sangen. Die Sonne schien. Das Tal lag ruhig und still. Friede. Absoluter Friede. Plötzlich begann keinen

Kilometer entfernt hinter dem Hügel der *chef d'animation* seinen Lautsprecher auszuprobieren, mit elektronischen Tönen, die in den Bergen widerhallten und den halben Lubéron geweckt haben.

»*Allo allo, un, deux, trois, bonjour Ménerbes!*« Er machte eine Pause, um zu hüsteln. Es krachte wie eine abgehende Lawine. »*Bon*«, sagte er, »*ça marche.*« Er reduzierte die Lautstärke ein wenig und stellte Radio Monte Carlo ein. Unseren ruhigen Morgen konnten wir vergessen.

Wir hatten vor, das Stadion erst am Nachmittag zu besuchen. Bis dahin wäre die erste Hitzewelle vorbei, Promenadenmischungen und Hunde mit fragwürdigen Manieren wären ausgesondert worden, alle Welt hätte sich an einem guten Mittagessen gelabt, und die besten Nasen der Gattung stünden bereit, sich auf dem offenen Feld um den Sieg zu schlagen.

Punkt zwölf Uhr verstummte der Lautsprecher, und die Hintergrundmusik von Chören schrumpfte zur gelegentlichen Heulserenade eines vereinzelten Hundes, der unerwiderte Lust oder schiere Langeweile bekundete. Sonst war es ruhig im Tal. Für zwei Stunden mußten die Hunde und alles andere hinter den Bedürfnissen des Magens zurückstehen.

»*Tout le monde a bien mangé?*« brüllte der Lautsprecher. Das Mikrofon verstärkte einen halb unterdrückten Rülpser. »*Bon. Alors, on recommence.*« Wir machten uns auf den Weg, der zum Stadion führt.

In einer schattigen Lichtung oberhalb des Parkplatzes breitete sich ein Elitetrupp von Händlern aus, die Spezialrassen, oder Hybride, verkauften, Hunde mit besonderen, wertvollen Eigenschaften – Spürhunde für die wilden *sangliers*, Kaninchenjäger, Spürhunde für Wachteln und Waldschnepfen. Wie eine lebende Perlenkette lagen sie in einer Reihe angekettet unter den Bäumen und zuckten im Schlaf. Ihre Besitzer sahen wie Zigeuner aus: schlanke, dunkelhäutige Männer mit Goldkronen, die durch dichte schwarze Schnurrbärte glänzten.

Einer von ihnen bemerkte, daß meine Frau ein faltiges schwarz-und-lohfarbenes Etwas bewunderte, das sich mit einer riesigen Hinterpfote müde am Ohr kratzte. »*Il est beau, eh?*« sagte der Hundebesitzer und ließ seine Zähne blitzen. Er bückte sich und hob eine Handvoll loser Haut hinter dem Kopf des Hundes vom Boden. »Der hat seinen eigenen *sac à main*. Den können Sie so nach Hause tragen.« Der Hund öffnete die Augen, sichtlich resigniert, mit einem Fell geboren zu sein, das ihm ein paar Nummern zu groß war. Seine Pfote hielt im Kratzen inne. Meine Frau schüttelte den Kopf. »Wir haben bereits drei Hunde.« Der Mann zuckte die Schultern und zog die Stirn in schwere Falten. »Drei oder vier – wo liegt da der Unterschied?«

Ein Stück weiter wurden die Angebote mondäner und aufwendiger präsentiert. Auf einer Käfigkiste aus Spanplatten und Draht verkündete ein gedrucktes Schild: *Fox-terrier, imbattable aux lapins et aux truffes. Un vrai champion.* Der Champion, ein kurzbeiniger, stämmiger, braunweißer Hund, lag schnarchend auf dem Rücken und streckte seine vier kurzen Läufe in die Höhe. Wir gingen wirklich nur ein ganz klein wenig langsamer, doch für den Besitzer war das Zeichen genug. »*Il est beau, eh?*« Er weckte den Hund und hob ihn von der Kiste. »*Regardez!*« Er stellte den Hund auf den Boden und nahm ein Stück Wurst von dem Blechteller, der neben der leeren Weinflasche auf der Motorhaube seines Lieferwagens stand.

»*Chose extraordinaire!*« sagte er. »Wenn diese Rasse jagt, ist sie durch nichts abzulenken. Sie wird *rigide.* Sie drücken auf den Hinterkopf des Hundes, und die Beine heben sich vom Boden.« Er legte das Stück Wurst auf die Erde, deckte es mit Laub zu, um den Hund danach graben zu lassen, setzte seinen Fuß auf den Hinterkopf des Tieres und drückte. Der Hund knurrte und biß ihm in die Ferse. Wir zogen weiter.

Alles erholte sich vom Mittagessen. Auf den kleinen Klapptischen unter den Bäumen sah man noch Essensreste und leere Gläser. Ein Spaniel hatte es geschafft, auf einen der Tische zu springen und ihn abzuräumen und lag mit der Schnauze auf einem Teller und schlief. Zuschauer bewegten sich mit der ruhigen Bedächtigkeit, die ein voller Magen und ein heißer Tag mit sich bringen, und stocherten in ihren Zähnen, während sie das Angebot des lokalen Waffenhändlers musterten.

Auf einer langen Tischplatte lagen dreißig bis vierzig Gewehre in einer Reihe, darunter auch die neueste Sensation, die auf großes Interesse stieß – ein schwarzes Schrotgewehr mit halbautomatischem Nachlademechanismus. Falls es im Wald je zu einem Massenaufstand blutrünstiger Mörderkaninchen kommen sollte, so wäre dies zweifellos genau das Richtige, um die Ruhe wiederherzustellen. Andere Objekte waren uns ein Rätsel. Was sollte ein Jäger mit Messingschlagringen und scharfen Morgensternen anfangen, wie sie, gemäß nebenstehender Information in Druckbuchstaben, die Ninja in Japan verwendet hatten? Die Auslage hier unterschied sich radikal von den Gummiknochen und Quietschtieren für Kinder auf den englischen Hundeschauen.

Wenn Hunde und Hundebesitzer *en masse* beisammen sind, läßt sich ohne große Mühe ein lebender Beweis für die These finden, daß beide sich mit der Zeit ähneln. In anderen Ecken der Welt mag das auf Körpermerkmale beschränkt bleiben – die Unterkiefer der Damen und ihrer Bassets, der Backenbart und die buschigen Brauen von kleingewachsenen Männern und ihrer Scotchterrier, die ausgemergelten Leiber von Jokkeys und ihren Windhunden. Doch Frankreich ist nun einmal Frankreich, und in Frankreich scheint man die Ähnlichkeit zwischen Herr und Hund noch durch die Mode betonen zu wollen, durch die Wahl von *ensembles*, die Hunde und ihre Besitzer zu koordinierten Accessoires machen.

Auf dem *Concours d'Élégance* in Ménerbes gab es zwei klare Siegerpaare, die sich perfekt ergänzten und die beide sichtlich zufrieden waren, bei weniger modebewußten Zuschauern große Beachtung zu finden. Bei den Damen war es eine Blondine mit weißer Bluse, weißen Shorts, weißen Cowboystiefeln und einem weißen Minipudel an einer weißen Leine – sie trippelte äußerst geziert durch den Staub, um in der Bar mit seitlich abstehendem kleinen Finger eine Orangina zu trinken. Die Dorfdamen, die klugerweise Röcke und Schuhe mit flachen Absätzen trugen, betrachteten sie mit dem kritischen Blick, mit dem sie normalerweise dem Metzger beim Schneiden der Fleischstücke zusehen.

Die Szene wurde bei den Herren von einem stämmigen Mann mit seinem hüfthohen Rüden, einer Deutschen Dogge, beherrscht. Das Team glänzte durch totales Schwarz. Der Mann trug ein enges schwarzes T-Shirt, noch engere schwarze Jeans und schwarze Cowboystiefel, der Hund ein schweres Kettenhalsband. Der Mann trug ein Halsband, das wie ein kleines Kabeltau wirkte, mit einem Medaillon, das bei jedem Schritt gegen sein Brustbein schlug, und ein gleichermaßen gewichtiges Armband. Durch irgendein Versehen hatte der

Hund sein Armband vergessen. Als die beiden sich zur Schau stellten, machten sie einen ungemein virilen Eindruck. Der Mann erweckte den Anschein, als müsse er seine Bestie mit brutaler Gewalt unter Kontrolle halten; er zerrte am Halsband und knurrte. Der Hund war so sanft, wie Deutsche Doggen gewöhnlich sind, und hatte keine Ahnung, daß man von ihm ein bösartiges Verhalten erwartete, und er ließ kleinere Hunde mit höflicher Aufmerksamkeit unter sich durchlaufen.

Wir fragten uns, wie lange die Gutmütigkeit der Deutschen Dogge wohl andauern würde und wann sie einen der winzigen Hunde fräße, die wie Fliegen um ihre Hinterbeine herumschwirrten – da wurden wir von Monsieur Matthieu angesprochen, der Lose für die Tombola verkaufte. Für nur zwei Francs bot er uns eine Chance, eine der sportlichen und gastronomischen Trophäen zu gewinnen, die von Geschäftsleuten am Ort gestiftet worden waren: ein Mountain-Bike, einen Mikrowellenherd, eine Schrotflinte oder ein *maxi saucisson.* Ich verlieh meiner Erleichterung Ausdruck, daß sich unter den Preisen keine Welpen befanden. Monsieur Matthieu grinste bösartig. »Man kann nie wissen, was in den *saucissons* drin ist«, sagte er. Als er das Entsetzen im Gesicht meiner Frau sah, klopfte er ihr beruhigend auf die Schulter. »*Non, non. Je rigole.*«

Die Welpen, die zum Kauf angeboten wurden, hätten für einen ganzen Berg von *saucissons* gereicht. Sie lagen unter beinahe jedem Baum, auf Decken, in Pappkartons, in selbstgebastelten Hundehütten und auf alten Pullovern. Unser Weg an all den pelzigen, vierbeinigen Haufen vorbei war voller Gefahren. Meine Frau ist äußerst empfänglich für alle Vierbeiner mit feuchter Nase, und die Verkaufstaktiken der

Besitzer waren geradezu schamlos. Beim leisesten Anzeichen von Interesse zogen sie einen Welpen aus dem Knäuel und warfen ihn ihr in die Arme, wo er prompt einschlief. »*Voilà! Comme il est content!*« Ich spürte, wie der Widerstand meiner Frau von Minute zu Minute schwächer wurde.

Gerettet hat uns der Lautsprecher mit der Ankündigung des Experten, der den Wettbewerb kommentieren sollte. Er war voll in *tenue de chasse* – mit Khakimütze, Khakihemd und Khakihosen – und hatte eine tiefe Tabakstimme. Er war nicht gewöhnt, ein Mikrofon zu benutzen, und als Provenzale außerstande, die Hände ruhig zu halten, und deshalb bekamen wir nur Bruchstücke seiner Erklärungen zu hören. Wenn er, um seine Worte durch eine Geste zu unterstreichen, das Mikrofon in verschiedene Richtungen des Feldes hielt, war nur noch Rauschen zu hören.

Die Wettbewerbsteilnehmer waren am anderen Ende postiert: ein halbes Dutzend Jagdhunde sowie zwei schmutzfarbene Hunde undefinierbarer Abstammung. Nester aus Gestrüpp vom Unterholz waren willkürlich über das Feld verteilt worden. Das waren die *bosquets*, in denen das Wild – eine lebende Wachtel; der Wachtelbetreuer hielt sie zur Begutachtung hoch – versteckt werden sollte.

Die Mikrofontechnik des *chasseur* verbesserte sich immerhin soweit, daß man seiner Erklärung der Wettbewerbsregeln folgen konnte: Für jeden einzelnen Teilnehmer sollte die Wachtel in einem anderen *bosquet* festgebunden werden; getötet würde sie von den Hunden nicht (sofern sie nicht vor Schreck tot umfiel). Die Hunde würden ihr Versteck lediglich anzeigen; wer sie am schnellsten aufspürte, hätte gewonnen. Die Wachtel wurde versteckt, der erste Hund von der Leine gelassen. An zwei Nestern rannte er vorbei, fast ohne zu schnuppern; ein paar Meter vor dem dritten blieb er abrupt stehen.

»*Aha! Il est fort, ce chien!*« dröhnte der *chasseur*. Der Hund schaute eine Sekunde lang hoch, weil der Lärm ihn ablenkte, bevor er sich näher heranwagte. Er bewegte sich jetzt im Zeitlupentempo, setzte mit übertriebener Vorsicht eine Pfote zu Boden, bevor er eine andere hob, Kopf und Hals waren in Richtung des *bosquet* gestreckt, und trotz aller bewundernden Kommentare des *chasseur* ließ er sich in seiner Konzentration und der Behutsamkeit seiner Fortbewegung nicht stören.

Einen Meter von der versteinerten Wachtel entfernt, blieb der Hund wie angewurzelt stehen. Eine Pfote war hocherhoben; Kopf, Nacken, Rücken und Schwanz bildeten eine Linie.

»*Tiens! Bravo!*« rief der *chasseur* und begann zu klatschen und vergaß total, daß er in der Hand das Mikrofon hielt. Der Besitzer holte seinen Hund, und die beiden trotteten triumphierend zum Start zurück. Die offizielle Zeitrichterin, eine Dame in einem komplizierten Schwarzweißkleid mit fliegenden Streifen, die hohe Absätze trug, notierte die Leistung des Hundes auf einer Tafel. Der Wachtelbetreuer stürzte vor, um den Vogel in einem anderen *bosquet* unterzubringen. Der zweite Teilnehmer wurde auf die Bahn geschickt.

Er lief schnurstracks zum *bosquet,* das die Wachtel gerade verlassen hatte, und blieb stehen.

»*Beh oui!*« sagte der *chasseur*. »Der Wachtelgeruch dort ist noch stark. Aber wartet nur!« Wir warteten. Der Hund wartete so lange, bis er keine Geduld mehr hatte; wahrscheinlich hat er sich auch darüber geärgert, daß er zum Narren gehalten wurde. Er hob am *bosquet* das Bein und rannte zu seinem Herrchen.

Der Wachtelbetreuer brachte die unglückliche Wachtel zu einem neuen Versteck; es muß ein besonders geruchsträchtiger Vogel gewesen sein, denn ein Hund nach dem andern blieb mit vorgerecktem Kopf und abwartend erhobener Pfote vor leeren Nestern stehen und gab auf. Ein alter Mann in unserer Nähe wußte eine Erklärung für das Problem: Die Wachtel, so sagte er, hätte an einer Leine zu Fuß von einem *bosquet* zum nächsten laufen müssen; auf die Weise hätte sie eine Fährte hinterlassen. Wie sollte ein Hund sie sonst finden können? Hunde seien doch keine *clairvoyants*. Der alte Mann schüttelte den Kopf und schnalzte mißbilligend mit der Zunge.

Letzter Teilnehmer an diesem Wettbewerb war einer der beiden schmutzfarbenen Hunde. Er hatte bereits Zeichen einer wachsenden Erregung erkennen lassen, als die anderen Tiere abgeführt wurden; er winselte vor lauter Ungeduld und zerrte an seiner Leine. Als er endlich an die Reihe kam, wurde sofort deutlich, daß er die Wettbewerbsregeln mißverstanden hatte. Er kümmerte sich nicht im geringsten um Wachtel und *bosquets*, drehte eine volle Runde um das Stadion und sauste mit höchster Geschwindigkeit ab in die Weinberge – der Eigentümer brüllend hinterher. »*Oh là là*«, sagte der *chasseur*, »*un locomotif. Tant pis.*«

Als später die Sonne und die Schatten länger wurden, kam Monsieur Dufour, der Präsident des Jagdclubs *La Philosophe*, und verlieh die Preise, bevor er sich mit seinen Kollegen zu einer riesigen Paella niederließ. Noch in der Dunkelheit hörten wir Lachen und Gläserklirren und irgendwo in den Reben einen Mann laut nach seinem schmutzfarbenen Hund rufen.

BAR
Poulettes
OF 30

Im Bauch von Avignon

Place Pie im Zentrum von Avignon bietet in den trüben, grauen Momenten kurz vor der Dämmerung einen traurigen Anblick. Place Pie ist eine architektonische Promenadenmischung. An zwei Seiten stehen heruntergekommene, aber im Stil elegante alte Gebäude, die auf ein scheußliches Produkt moderner Stadtplanung blicken. Da hat ein Mensch mit Diplom der *béton armé,* der Schule des Bauens, freie Hand gehabt und das Schlimmste daraus gemacht.

Um einen zentralen Schandfleck herum hat man Bänke und primitive Steinblöcke hingestellt. Auf diesen Bänken kann der erschöpfte Tourist ausruhen und einen zweiten, wesentlich imposanteren Schandfleck bewundern: drei fleckige Betonblöcke, in denen sich an Wochentagen um acht Uhr morgens Autos drängen. Der Grund, warum die Autos, und der Grund, warum auch ich rechtzeitig auf dem Platz waren, um das Erröten der Dämmerung auf dem Beton mitzuerleben, ist folgender: Unter dieser Parkgarage befinden sich *Les Halles*, wo die besten Nahrungsmittel gezeigt und verkauft werden, die in Avignon zu haben sind.

Ich kam dort ein paar Minuten vor sechs Uhr an und parkte auf einem der wenigen freien Plätze im zweiten Geschoß. Unter mir sah ich auf der *place* zwei menschliche Ruinen, die die gleiche Farbe hatten wie die Bank, auf der sie saßen. Sie teilten sich einen Liter Wein und wechselten sich beim Trinken ab. Ein *Gendarme* trat heran und winkte sie fort und stand dann da, um sie im Auge zu behalten. Sie gingen auf die gebückte, niedergeschlagene Art jener Menschen, die keine Hoffnung und keine Bleibe mehr haben und ließen sich an der gegenüberliegenden Seite des Platzes auf dem Bürgersteig nieder. Der *Gendarme* zuckte die Schultern und wandte sich ab.

Der Kontrast zwischen der stillen, öden Leere des Platzes und dem Inneren von *Les Halles* war unvermittelt und überraschend. Auf der einen Seite der Tür lag die Stadt noch im Schlaf; auf der anderen strahlten hell die Lampen, gab es ein buntes Durcheinander, Rufen und Lachen – hier war ein Arbeitstag in vollem Gang.

Ich mußte zur Seite springen, um einen Zusammenstoß mit einem Handwagen zu vermeiden, der bis in Kopfhöhe mit Kisten voller Pfirsichen beladen war und von einem Mann geschoben wurde, der unentwegt rief: »*Klaxon! Klaxon!*«, während er im Eilschritt um die Ecke bog. Hinter ihm andere Wagen, Karren mit schwankendem Stapelgut. Ich suchte nach einer sicheren Zuflucht vor Früchten und Gemüsen, die sich mir mit Höchstgeschwindigkeit näherten, und machte einen Satz, als ich ein Schild sah mit der Aufschrift: *Buvette*. Falls ich überfahren werden sollte, so wollte ich die Tragödie lieber in einer Bar erleben.

Jacky und Isabelle, so informierte das Schild, waren die Besitzer; sie befanden sich im Belagerungszustand. Die Bar war so gedrängt voll, daß drei Männer in derselben Zeitung lasen. Alle Tische ringsum waren von der ersten Frühstücksschicht belegt – vielleicht aß man auch schon zu Mittag. Es war schwer, dies anhand der Speisen zu erkennen, die hier gegessen wurden. Croissants wurden in dicke, dampfende

Tassen *café crème* getunkt, die neben Trinkgläsern mit Rotwein standen; man aß Wurstbrote von der Länge eines Unterarms; es gab Bier und Stücke warmer Pizza. Mich hungerte plötzlich nach einem Frühstück, wie es diese Champions genossen, ich sehnte mich nach einem Viertel Roten und einem Wurstbrot, doch das Trinken von Alkohol in der Morgendämmerung ist wirklich nur Menschen erlaubt, die die Nacht durchgearbeitet haben. Ich bestellte Kaffee und suchte im ringsum herrschenden Durcheinander nach einer Ordnung.

Les Halles beanspruchen eine Fläche von etwa siebzig mal siebzig Metern; kaum ein Quadratzentimeter ist ungenutzt. Drei Hauptgänge trennen die *étaux*, Stände unterschiedlicher Größe, und zu dieser Zeit morgens konnte man sich kaum vorstellen, wie Kunden zu ihnen durchdringen könnten. Vor vielen Ständen standen hohe Stapel von Kisten, zerrissenen Kartons und Ballen von Papierstroh; der Boden war mit Unfallopfern übersät – Salatblätter, zertretene Tomaten, streunende *haricots* –, denen es nicht gelungen war, sich in der letzten halsbrecherischen Etappe der Zustellung festzuklammern.

Die Standbesatzungen waren zu sehr mit dem Notieren der Tagespreise und dem Sortieren ihrer Produkte beschäftigt, um sich zum Besuch der Bars fünf Minuten Zeit nehmen zu können, und brüllten nach Kaffee, den ihnen Isabelles Kellnerin brachte, eine junge Frau, die inmitten all der Kästen und Kisten ein akrobatisches Geschick und im Tragen des Tabletts eine unglaublich sichere Hand bewies. Es gelang ihr sogar, in der besonderen Gefahrenzone der Fischstände nicht den Boden unter den Füßen zu verlieren; dort war der Boden rutschig vom Eis, das Männer mit roten, zerschundenen

Händen und Gummischürzen auf die Stahlauslageflächen schippten.
Das machte ein Geräusch wie von Kies auf Glas, und es gab da noch einen anderen, schmerzlicheren Laut, der den Lärm durchschnitt – als die Fleischer mit sicheren, gefährlich raschen Schlägen ihrer Hackmesser Knochen zersägten und Sehnen durchtrennten. Ich hoffte, um ihrer Finger willen, daß *sie* zum Frühstück keinen Wein getrunken hatten.
Eine halbe Stunde später konnte man die Bar ungefährdet verlassen. Die Türme von Kästen waren beiseitegeschafft, die Wagen geparkt, der Verkehr von Rädern auf Beine umgestellt worden. Ein ganzes Heer von Besen hatte die Reste des heruntergefallenen Gemüses weggefegt; Preise waren auf Plastikschildchen vermerkt, Kassen aufgeschlossen, die Kaffeetassen ausgetrunken worden. *Les Halles* hatten geöffnet.
Soviel frische Lebensmittel in solcher Vielfalt auf solch begrenztem Raum hatte ich noch nie gesehen. Ich zählte fünfzig Verkaufsstände; viele von ihnen hatten sich auf eine einzige Produktgruppe spezialisiert. Es gab zwei Stände, die Oliven verkauften – nur Oliven –, Oliven in jeder nur erdenklichen Zubereitungsart: Oliven *à la grecque,* Oliven in Kräuteröl, Oliven gemischt mit scharlachroten Flügeln von Nelkenpfeffer, Oliven aus Nyons, Oliven aus Les Baux, Oliven, die wie kleine schwarze Pflaumen oder längliche grüne Weintrauben aussahen. Sie waren in plumpen Holzfässern ausgelegt und glänzten, als ob jede einzeln poliert worden wäre. Am Ende der Reihe gab es die einzigen Nicht-Oliven weit und breit, ein Fäßchen Anchovies aus Collioure, dichter abgepackt als Sardinen; sie rochen scharf und salzig, als ich mich über sie beugte. Madame hinter der Theke empfahl, ich solle eine probieren, zusammen mit einer fetten schwarzen Olive. Ob

ich wüßte, wie man *tapenade* macht, die Paste aus Oliven und Anchovies? Davon ein Töpfchen pro Tag, und ich würde hundert Jahre alt werden.

Ein anderer Stand, eine andere Spezialität: alles vom Federvieh. Tauben, gerupft und dressiert; Kapaune, Brust und Schenkel von Entchen; drei verschiedene Mitglieder der Hühner-Aristokratie, mit den ranghöchsten, den *poulets de Bresse,* die ihre rot-weiß-blauen Etiketten wie Orden tragen. *Légalement contrôlée*, so erklärten die Etiketten, vom *Comité Interprofessionnel de la Volaille de Bresse.* Ich stellte mir vor, wie die auserwählten Hühner die Ehrungen von einem würdevollen Mitglied des Komitees entgegennahmen und mit ziemlicher Wahrscheinlichkeit auf beide Seiten des Schnabels das traditionell übliche Küßchen bekamen.

Und dann die Fische: Kiemen an Kiemen in einer Reihe von Ständen, die sich eine ganze Mauer entlangzogen; vierzig Meter oder mehr von glänzenden Schuppen und klaren Augen. Berge von zerstoßenem Eis, das nach Meer roch, trennten den Tinten- vom Thunfisch, der dunkel vor Blut war, die *rascasses* von den *loups de mer,* den Kabeljau vom Rochen. Pyramiden von Muscheln, von Mollusken mit dem Namen *seiches*, von Strandschnecken, winzigen grauen Garnelen und monströsen *gambas,* Fische zum Fritieren, Fische für *soupe,* Hummer von der Farbe dunklen Stahls, Schocks von Gelb auf Tellern mit frischen Zitronen auf der Theke, und dann all die geschickten Hände mit langen dünnen Messern, die abschnitten und ausweideten. Man hörte das Glucksen von Gummistiefeln auf dem nassen Steinfußboden.

Es war bald sieben Uhr, und die ersten Hausfrauen begannen nach den geeigneten Zutaten für die Abendmahlzeit zu suchen. Der Markt öffnet um fünf Uhr dreißig; die erste halbe

Stunde ist offiziell den *commercants* und Restaurantbesitzern vorbehalten; ich sah jedoch nirgends jemanden, der den Mut gehabt hätte, sich einer entschlossenen Hausfrau aus Avignon in den Weg zu stellen, die ihre Einkäufe unbedingt vor sechs Uhr erledigen wollte. Die besten Dinge kauft man beizeiten, so hatte ich immer wieder gehört, die billigsten, kurz bevor der Markt schließt.

Doch wer könnte inmitten so reichhaltiger Versuchung bis zum Abend warten? In dieser kurzen Zeit hatte ich im Geiste bereits ein dutzendmal gegessen. Eine *pipérade* von den braunen Freilandeiern aus der Schüssel dort, mit Schinken aus Bayonne vom Stand nebenan und mit Paprika von einem Kiosk nur ein paar Meter weiter. Das würde mich bei Kräften halten, bis der geräucherte Lachs mit Kaviar serviert werden würde. Und da gab es all die vielen Käsesorten, die *saucissons,* die *pâtés* vom Schwein, von Kaninchen und Hasen, die großen blassen Kugeln von *rillettes,* die *confits de canard* – es war Wahnsinn, aber wer hätte da nicht gern alles probiert? Fast hätte ich meine Beobachtungen unterbrochen, um in der Parkgarage zwischendurch ein Picknick zu machen. An einem Stand Brot, an einem anderen Wein – alles, was ich dazu benötigt hätte, befand sich in einem Umkreis von nur zwanzig Metern frisch und in bester Qualität im Angebot. Hätte ein Tag schöner beginnen können? Ich merkte, daß mein Appetit sich der Umgebung angepaßt hatte; er hatte einfach ein paar Stunden übersprungen. Meine Uhr sagte sieben Uhr dreißig; der Magen flüsterte: Zeit zum Mittagessen, zum Teufel mit der Uhr. Ich brauchte dringend moralische Unterstützung und sah mich deshalb um, wo ich noch eine Tasse Kaffee trinken könnte.

In *Les Halles* gibt es drei Bars – Jacky und Isabelle, Cyrille und Evelyne sowie die gefährlichste der drei, *Chez Kiki*, wo man bereits Champagner serviert, wenn die meisten Menschen noch nicht einmal aufgestanden sind. Dort sah ich zwei stämmige Männer anstoßen; sie hielten ihre Champagner-*flûtes* graziös zwischen den dicken Fingern; sie hatten Erde unter den Nägeln, Erde an den schweren Stiefeln. Sie hatten die Salatköpfe an diesem Morgen offenbar gut absetzen können.

Die Stände waren inzwischen von Privatkunden umlagert, die mit angespannten, ein wenig mißtrauischen Mienen bemüht waren, die weichsten, saftigsten und besten Früchte zu kaufen. Eine Frau setzte ihre Brille auf, um eine Reihe von Blumenkohlköpfen zu mustern, die für mich allesamt gleich aussahen. Sie nahm einen heraus, hob ihn empor, sah ihm auf den festen, weißen Kopf, roch dran und legte ihn wieder weg. Das wiederholte sich dreimal, bevor sie ihre Wahl traf – und dann behielt sie den Verkäufer im Auge, damit er ihr kein weniger vollkommenes Stück aus einer hinteren Reihe unterschöbe. In einem Londoner Gemüsegeschäft war mir einmal bedeutet worden, nichts anzufassen – das fiel mir hier wieder ein; hier würde es einen Aufstand geben, falls diese miserable Regel eingeführt würde. Hier wird kein Obst, kein Gemüse gekauft, ohne daß es durch Berührung überprüft worden wäre; und der Verkäufer, der sich dieser Angewohnheit widersetzte, würde mit Steinen vom Markt gejagt.

Die *Halles* in Avignon gibt es seit 1910; an dieser Stelle unter der Parkgarage befinden sie sich allerdings erst seit 1973. Mehr wußte das Mädchen im Büro auch nicht, und als ich mich nach den Mengen erkundigte, die hier an einem Tag oder in einer Woche verkauft werden, zuckte sie mit der Schulter und meinte nur: *beaucoup*.

Es war ganz bestimmt *beaucoup,* was da an Einkäufen in alle möglichen Formen und Arten von Behältern gestopft wurde, von ausgebeulten Koffern bis zu Handtaschen, die eine scheinbar unendliche Aufnahmekapazität besaßen. Ein älterer Mann in kurzen Hosen mit einem Sturzhelm auf dem Kopf schob sein *mobylette* zum Eingang und betrat den Gang, um seine Tagesration abzuholen – ein Plastik-*cageot* mit Melonen und Pfirsichen, zwei enorme Körbe, so voll, daß sie fast überquollen, und einen Baumwollsack mit einem Dutzend *baguettes.* Er verteilte die Gewichte mit Bedacht auf seinem Vehikel. Die Obstkiste wurde mit Elastikbändern auf dem Sitz hinter dem Sattel festgebunden, die Körbe an die Arme des Lenkers gehängt, und den Brotsack warf er sich über die Schulter. Als er seine Last – reichlich Nahrung für eine ganze Woche – vom Markt fortschob, rief er dem Standbesitzer zu: »*À demain!*«

Ich sah, wie er sich in den Verkehr auf der Place Pie einreihte. Der kleine Motor seines Vehikels stotterte vor Anstrengung. Er hielt den Kopf über den Lenker gebeugt; die *baguettes* standen vor wie ein Köcher mit goldenen Pfeilen. Es war elf Uhr. Das Café dem Markt gegenüber hatte auf dem Bürgersteig bereits die Tische und Stühle zum Mittagessen aufgestellt.

Sommerpostkarten

Wir haben drei Jahre gebraucht, um es als Faktum zu akzeptieren: daß wir im gleichen Haus, doch in zwei verschiedenen Gegenden leben.

Was wir als normales Leben empfinden, beginnt im September. Da gibt es, außer an Markttagen in den Städten, kaum Menschen. Auf den abgelegeneren Straßen ist der Verkehr tagsüber gering – ein Traktor, ein paar Lieferwagen; nachts kommt er praktisch ganz zum Erliegen. Man bekommt in jedem Restaurant einen Tisch; außer vielleicht einmal sonntags zu Mittag. Das gesellige Leben findet sporadisch statt und ist unkompliziert. Man bekommt Brot beim Bäcker, der Klempner hat Zeit zum Plaudern, der Briefträger für ein Gläschen Wein. Nach dem ersten, ohrenbetäubenden Wochenende der Jagdsaison ist der Wald still. Über die Felder bewegen sich gebeugte, nachdenkliche Gestalten durch die Rebenreihen, ganz langsam, eine Reihe hinauf, die nächste herunter. Zwischen zwölf und zwei Uhr ist es totenstill.

Und dann kommt der Juli und August.

Zunächst haben wir den Juli und August erlebt wie alle Monate des Jahres; es waren heiße Monate, gewiß, aber sie erforderten unsererseits keine besondere Anpassung, außer daß wir darauf achteten, am Nachmittag *siesta* zu halten.

Es war eine Täuschung; wir haben uns geirrt. Wir wohnen auch im Juli und August im Lubéron; nur ist es nicht derselbe

Lubéron. Es ist vielmehr der Lubéron *en vacances,* und unsere Bemühungen, während solch unnormaler Zeiten ein normales Leben zu führen, sind kläglich gescheitert. So kläglich, daß wir schon einmal daran gedacht haben, den Sommer einfach zu streichen und irgendwohin zu verreisen, wo es grau und kühl und friedlich ist. Wie auf den Hebriden.
Aber wir würden das alles wahrscheinlich doch vermissen, selbst die Tage und die Vorfälle, die uns zu schwitzenden, irritierten, übermüdeten Zombies reduziert haben. Wir haben deshalb beschlossen, uns mit dem Lubéron im Sommer auszusöhnen, uns nach besten Kräften damit zufriedenzugeben, Urlaub zu haben wie die übrige Welt auch und, wie alle anderen auch, an Freunde in der Ferne Postkarten zu schikken und ihnen zu berichten, wie schön es hier ist. Hier sind ein paar solcher Postkarten.

Saint-Tropez

Cherchez les nudistes! Eine Jagd auf Naturliebhaber – da wird es in Saint-Tropez bestimmt einen starken Anstieg der Bewerbungen um Aufnahme in den Polizeidienst geben.
Im Interesse der Sicherheit und der Hygiene hat Monsieur Spada, der Bürgermeister, im Widerspruch zur langjährigen Tradition – schließlich hat Saint-Tropez das Nacktbaden in aller Öffentlichkeit berühmt gemacht –, die Verordnung erlassen, daß Nacktbaden an öffentlichen Stränden nicht mehr erlaubt ist. *»Le nudisme intégral est interdit«,* erklärt Monsieur Spada und hat die Polizei dazu ermächtigt, Missetäterinnen zu packen und einzusperren. Nun, vielleicht nicht gerade zu packen, aber sie aufzuspüren und ihnen zur Strafe 75 Francs abzunehmen, oder bis zu 1500 Francs, falls sie ein

öffentliches Ärgernis verursachen. Wo eine Nackte 1500 Francs bei sich tragen soll – das ist eine Frage, die hier in Saint-Tropez die Leute beschäftigt.
Inzwischen hat eine nudistische Protestgruppe in den Felsen hinter *la plage de la Moutte* ihr Hauptquartier aufgeschlagen. Eine Sprecherin der Gruppe hat erklärt, sie würden nie Badeanzüge tragen. Wenn Sie doch bloß hier wären!

Das Melonenfeld

Faustins Bruder Jacky, ein drahtiger kleiner Mann um die Sechzig, zieht Melonen im Feld gegenüber unserem Haus. Es ist ein großes Feld, aber er macht alle Arbeit allein, und noch dazu manuell. Im Frühjahr kann ich oft beobachten, wie er dort mit gebeugtem Rücken sechs oder sieben Stunden lang arbeitet und mit der Spitzhacke auf das Unkraut einschlägt, das seine Melonen zu ersticken droht. Er spritzt nicht – wer würde eine Melone essen, die nach Chemie schmeckt? –, und ich glaube, es macht ihm Spaß, sein Land auf herkömmliche Weise zu bestellen.
Jetzt, da die Melonen reifen, kommt er morgens um sechs Uhr aufs Feld, um die Früchte zu ernten. Er bringt sie nach Ménerbes, wo sie in flachen Holzkisten abgepackt werden. Von Ménerbes kommen sie nach Cavaillon, von Cavaillon nach Avignon, nach Paris, überallhin. Der Gedanke an die Leute in den schicken Restaurants, die für eine einfache Melone *une petite fortune* zahlen, belustigt Jacky.
Wenn ich früh genug aufstehe, kann ich ihn abfangen, bevor er nach Ménerbes fährt. Er hat immer ein paar Melonen, die für die Reise und den Verkauf schon zu reif sind, und dic gibt er mir für ein paar Francs.

Wenn ich zum Haus zurückgehe, taucht die Sonne über dem Berg auf, und mir ist plötzlich heiß im Gesicht. Die Melonen, die schwer und wohltuend in der Hand liegen, sind noch kühl von der Nachtluft. Sie sind frisch und süß – wir essen sie zum Frühstück; es ist keine zehn Minuten her, daß sie gepflückt worden sind.

Hinter der Bar

Es kommt ein Punkt, wo ein Swimmingpool kein Luxus mehr, sondern fast schon eine Notwendigkeit ist, und diese Zeit ist gekommen, wenn die Temperatur auf vierzig Grad ansteigt. Wann immer Leute sich bei uns erkundigen, ob sie in dieser Gegend für den Sommer ein Haus mieten sollen, vergessen wir nie, das zu erwähnen. Manche hören auf uns. Andere nicht, und die hängen dann zwei Tage nach ihrer Ankunft am Telefon und teilen uns mit, was wir ihnen bereits vor Monaten erzählt haben. Es ist so *heiß,* sagen sie. Zu heiß zum Tennisspielen, zu heiß zum Radfahren, zu heiß für Besichtigungen, zu heiß, zu heiß. Wenn wir doch bloß einen Pool hätten. Habt ihr's gut.

Eine erwartungsvolle Pause. Ist es Einbildung, oder kann ich die Schweißtropfen wirklich wie Sommerregen auf die Seiten des Telefonbuchs fallen hören?

Ich nehme an, meine Antwort sollte gemein, aber hilfreich ausfallen: In der Nähe von Apt gibt es eine öffentliche Badeanstalt. Falls es einem nichts ausmacht, das Wasser mit ein paar hundert braunen Derwischen in Schulferien zu teilen. Dann gibt es das Mittelmeer. Bis zur Küste ist es nur eine Stunde; nein, beim momentanen Verkehr kann es bis zu zwei Stunden dauern. Denkt dran, zwei Flaschen Evian mitzunehmen. Man sollte unterwegs nicht austrocknen.

Oder man schließt die Fensterläden gegen die Sonne, verbringt den Tag drinnen und tritt später erfrischt hinaus in die Abendluft. Wobei es natürlich schwierig wäre, als Souvenir aus den Ferien Sonnenbräune mitzubringen. Aber so vermeidet man immerhin das Risiko eines Hitzschlags.
Solch brutale und unwürdige Vorschläge kommen mir in den Sinn, bevor die Stimme der Verzweiflung am anderen Ende der Leitung in Erleichterung umschlägt. Natürlich! Wir könnten am Morgen auf einen Sprung vorbeikommen, ohne euch zu stören. Nur auf einen Sprung ins Wasser. Ihr werdet nicht einmal merken, daß wir dagewesen sind.
Sie kommen mittags. Sie bringen Freunde mit. Sie schwimmen. Sie nehmen ein Sonnenbad. Sie werden völlig überraschend von Durst geplagt, und deswegen stehe ich hinter der Bar, und meine Frau kocht in der Küche ein Essen für sechs Personen. *Vivent les vacances!*

Der Nachtspaziergang

Die Hunde kommen mit der Hitze zurecht, indem sie schlafen. Sie liegen ausgestreckt im Hof oder im Schatten der Rosmarinhecke. Sie erwachen zum Leben, wenn das Rosarot des Himmels dunkel wird, schnuppern in der Brise, streichen um unsere Füße, da sie auf einen Spaziergang hoffen. Wir holen die Taschenlampe und folgen ihnen in den Wald.
Er duftet nach warmen Fichtennadeln und nach aufgeheizter Erde; es duftet trocken und würzig, wenn man auf ein Fleckchen mit Thymian tritt. Kleine, unsichtbare Tierchen huschen vor uns vorbei und rascheln im Laub des wilden Buchsbaums, der hier wuchert wie Unkraut.
Die Laute tragen weit: *cigales* und Frösche, das erstickte

Hämmern von Musik durch das offene Fenster eines entlegenen Hauses, das Klimpern und Murmeln am Abendtisch auf Faustins Terrasse. Die Hügel auf der anderen Seite des Tals, die jährlich zehn Monate lang unbelebt sind, sind bestückt mit Lichtern, die Ende August ausgeschaltet werden.

Wir kehren zum Haus zurück, ziehen die Schuhe aus, und die Wärme der Steinplatten ist eine Einladung zum Schwimmen. Ein Sprung ins dunkle Wasser, danach ein letztes Glas Wein. Der Himmel ist klar, bis auf ein Chaos von Sternen; morgen wird wieder ein heißer Tag sein, ein heißer, träger Tag, so wie heute.

Knietief im Lavendel

Ich hatte mit einer Heckenschere Lavendel geschnitten, langsam und ungeschickt, so daß ich für weniger als ein Dutzend Büschel fast eine Stunde brauchte. Als Henriette mit einem Korb Auberginen herüberkam, war ich dankbar für die Gelegenheit, damit aufhören zu können. Henriette blickte auf den Lavendel, sie blickte auf die Heckenschere und schüttelte über die Unkenntnis ihres Nachbarn den Kopf. Ob ich denn nicht wüßte, wie man Lavendel schneidet? Was ich mit der Heckenschere mache? Wo meine *faucille* sei?

Sie ging zu ihrem Lieferwagen und kam mit einer geschwärzten Sichel zurück, deren scharfe Spitze in einem alten Weinkorken steckte – zur Sicherheit. Die Sichel war erstaunlich leicht. Ich vollführte ein paar Hiebe in der Luft. Henriette schüttelte wieder den Kopf: Ich brauchte offenbar eine Unterweisung.

Sie hob den Rock hoch und nahm sich die nächststehende

Reihe Lavendel vor, faßte mit einer Hand die langen Stengel zu einem schmalen Bündel zusammen und trennte sie mit der anderen mit einem einzigen, sauberen Schnitt der Sichel unten ab. In fünf Minuten hatte sie mehr geschafft als ich in einer Stunde. Es sah so leicht aus: bück dich, bündele, schwing die Sichel. Kinderleicht.

»*Voilà!*« sagte Henriette. »Als ich ein kleines Mädchen war, in den Basses-Alpes, da hatten wir Lavendel hektarweise und keine Maschine. Da hat jeder nur die *faucille* benutzt.«

Sie reichte sie mir erneut, warnte, ich solle auf meine Beine aufpassen, und fuhr davon, um Faustin in den Weinbergen zu helfen.

Es war gar nicht so einfach, wie es aussah. Mein erster Versuch bescherte mir ein unordentliches, ausgefranstes Büschel; es sah eher zerhackt aus als geschnitten. Ich merkte, daß diese Sichel für Rechtshänder gedacht war. Ich war Linkshänder. Ich mußte von mir weg schneiden. Meine Frau kam aus dem Haus herüber und warnte, ich solle auf meine Beine achtgeben. Sie traut mir nicht bei scharfen Gegenständen und war deshalb beruhigt, als sie mich vom Körper weg schneiden sah. Selbst bei meiner Genialität, mich selbst zu verletzen, schien das Risiko einer Amputation sehr gering.

Ich hatte eben das letzte Büschel gepackt, als Henriette zurückkehrte. Ich schaute hoch. Ich erhoffte ein Lob. Und schnitt mir bis auf den Knochen in den Zeigefinger. Da floß eine Menge Blut, und Henriette fragte mich nur, ob ich mich maniküren wolle. Mir kommt ihr Humor manchmal recht seltsam vor. Zwei Tage später hat sie mir dann eine eigene Sichel geschenkt und gesagt, ich dürfe sie aber nur mit Handschuhen benutzen.

Die provenzalische Wespe ist klein, besitzt aber einen bösen Stachel. Im Swimmingpool verhält sie sich außerdem ganz und gar unritterlich. Sie paddelt von hinten an das ahnungslose Opfer heran, wartet, bis ein Arm aus dem Wasser ragt, und – *tok!* – sticht tief in die Achselhöhle. Das tut ein paar Stunden lang weh; Leute, die einmal gestochen worden sind, ziehen oft eine Schutzkleidung an, bevor sie wieder schwimmen.

Ich weiß nicht, ob alle Wespen Wasser mögen, doch die Wespen der Provence lieben es – sie schwimmen am seichten Ende des Pools, dösen in den Tümpeln auf den Steinplatten und halten Ausschau nach einer ungeschützten Achselhöhle und nach empfindlichen Extremitäten. Und nach einem entsetzlichen Tag, an dem nicht nur in Achselhöhlen, sondern auch auf den Innenflächen der Oberschenkel Volltreffer gelandet waren (einige Wespen können offenbar den Atem anhalten und auch unter Wasser Krieg führen), wurde ich ausgesandt, um nach Wespenfallen zu suchen.

Als ich sie in einer Gasse von Cavaillon in einer Drogerie entdeckte, hatte ich das große Glück, hinter der Theke auf einen Wespenfachmann zu stoßen. Er führte mir das neueste Modell der Fallen vor, einen Plastiknachfahren der alten hängenden Glasfallen, wie man sie noch heute manchmal auf Flohmärkten findet. Sie war, wie er erklärte, besonders zum Gebrauch in der Nähe von Schwimmbecken entworfen worden und war für Wespen unwiderstehlich.

Sie bestand aus zwei Teilen. Die Basis war ein rundes Becken, das durch drei flache Pfropfen vom Boden abgehoben war, und von der Basis führte ein Trichter nach oben. Die Spitze paßte auf die untere Schale und hinderte die Wespen, die es nach oben geschafft hatten, am Entkommen. Das, so fuhr der Wespenfachmann fort, ist aber nur der Anfang. Schwieriger, subtiler, auf höherem artistischen Niveau sei der Köder. Wie überredet man eine Wespe dazu, die Freuden des Fleisches aufzugeben und den Trichter hinauf in die Falle zu klettern? Womit könnte man sie vom Pool weglocken?

Wer eine Weile in der Provence gelebt hat, hat gelernt, bei jedem Kauf damit zu rechnen, eine kleine Lektion erteilt zu bekommen – gleichgültig, ob er nun einen organisch gewachsenen Kohl kauft (zwei Minuten) oder ein Bett (eine halbe Stunde mehr, je nach dem Zustand Ihres Rückens). Bei Wespenfallen sollte man mit einer Lektion über zehn bis fünfzehn Minuten rechnen. Ich saß auf dem Hocker vor der Ladentheke und hörte zu.

Wespen mögen, wie sich herausstellte, Alkohol. Einige Wespen haben ihn gern *sucré*, andere lieber fruchtig, und es gibt sogar Wespen, die für einen Tropfen *anis* überall hinfliegen würden. Das ist, erklärte der Wespenfachmann, eine Sache des Ausprobierens, man muß Düfte und Substanzen kombinieren, bis man eine Mischung findet, die dem Gaumen der hiesigen Wespenbevölkerung zuspricht.

Er schlug ein paar Grundrezepte vor: süßer Wermut mit Honig und Wasser, verdünnte *crème de cassis*, Starkbier mit einem Schuß *marc*, unverdünnten *pastis*. Als zusätzliches Lockmittel kann der Trichter mit Honig bestrichen werden, und unmittelbar unter dem Trichter sollte sich immer ein kleiner Wassertümpel befinden.

Der Wespenfachmann baute auf der Theke eine Falle auf und imitierte dann mit zwei Fingern eine Wespe auf ihrem Abendspaziergang.

Sie bleibt stehen; das Wasser im Tümpel reizt sie. Die Finger erstarrten. Sie nähert sich dem Wasser und wird darauf aufmerksam, daß sich gleich über ihr etwas Köstliches befinden muß. Um nachzusehen, klettert sie den Trichter hinauf und springt in den Cocktail, *et voilà!* – sie kann nicht wieder heraus, sie ist zu betrunken, um im Trichter nach unten zu kriechen. Sie stirbt, aber sie stirbt eines glücklichen Todes.
Ich kaufte zwei Fallen und probierte die Rezepte aus. Gewirkt haben alle, was mich zu der Annahme führt, daß die Wespe ein ernstes Alkoholproblem hat. Wird heute bei uns ein Gast von hochprozentigen Flüssigkeiten überwältigt, so heißt es nur noch: Er war besoffen wie eine Wespe.

Maladie du Lubéron

Die meisten jahreszeitlich bedingten Wehwehchen des Sommers mögen unangenehm oder schmerzhaft oder auch nur ärgerlich sein, aber sie werden wenigstens mit einiger Sympathie betrachtet. Von einem Menschen, der sich von einer explosiven Begegnung mit einer überfälligen *merguez*-Wurst erholt, erwartet man nicht, daß er sich in zivilisierte Gesellschaft begibt – erst, wenn seine Verfassung es ihm wieder erlaubt. Gleiches gilt für Sonnenbrand dritten Grades, Rosé-Vergiftung, Skorpionstiche, eine Überdosis von Knoblauch oder jenen Schwindel und Ekel, den eine zu lange Konfrontation mit der französischen Bürokratie auslöst. Man leidet. Man darf aber immerhin allein, in Ruhe und Frieden, leiden.
Es gibt eine andere Heimsuchung, die schlimmer ist als Skorpionstiche oder bösartige Würste, eine Heimsuchung, die wir und die übrigen Dauerbewohner dieser stillen Gegend Frankreichs am eigenen Leibe erlebt und erlitten haben. Die

Symptome tauchen gewöhnlich Mitte Juli auf und halten sich bis in den frühen September: trübe, blutunterlaufene Augen, Gähnen, Appetitverlust, schlechte Laune, Lethargie und eine milde Form von Verfolgungswahn, der sich in plötzlichen Wunschvorstellungen des Eintritts in ein Kloster äußert.

Das ist die *maladie du Lubéron* oder schleichende Gesellschaftsmüdigkeit, und sie weckt bei anderen etwa die gleichen Sympathien wie die Probleme von Millionären mit dem Dienstpersonal.

Eine Betrachtung der Patienten – Bewohner mit festem Wohnsitz im Lubéron – erklärt den Grund dieser Krankheit. Die hiesigen haben ihre Arbeit, ihre Freunde in der Umgebung, ihre tägliche Routine. Sie haben sich mit Bedacht entschlossen, im Lubéron zu wohnen, statt in einem der Cocktailzentren der Welt, weil sie deren Lebensart, wenn nicht gänzlich, so doch weitgehend entkommen wollten. Dieser exzentrische Wunsch wird allgemein anerkannt und zehn Monate des Jahres toleriert.

Sie sollten jedoch einmal versuchen, diesen Wunsch im Juli oder im August verständlich zu machen. Da kommen die Besucher, sie kommen frisch aus dem Flugzeug oder erhitzt von der *autoroute* und lechzen nach geselligem Leben. Wir wollen die Einheimischen kennenlernen! Zur Hölle mit dem Buch in der Hängematte und dem Waldspaziergang. Zur Hölle mit der Einsamkeit – sie brauchen menschliche Gesellschaft zum Essen, zum Trinken, am Abend –, und so gehen Einladungen und Gegeneinladungen hin und her, bis jeder Tag der folgenden Wochen ein besonderer gesellschaftlicher Höhepunkt ist.

Wenn die Ferien sich mit einem letzten Viel-Flaschen-Diner dem Ende zuneigen, lassen sich sogar auf den Gesichtern der

Gäste gewisse Anzeichen von Erschöpfung erkennen. Sie hatten ja keine Ahnung, daß es hier unten so lebhaft zugeht. Sie sprechen nicht nur im Scherz davon, daß sie erst einmal Ruhe brauchen, um sich von dem Wirbel der letzten Tage zu erholen. Ist das hier immer so? Wie haltet Ihr das nur aus?

Es ist nicht immer so, und wir halten es auch gar nicht aus. Wie viele unserer Freunde brechen wir zwischen verschiedenen Besuchen zusammen, halten uns Tage und Abende eifersüchtig frei, an denen wir wenig essen und wenig trinken und früh zu Bett gehen. Und wenn sich der Staub gelegt hat, beraten wir uns alljährlich mit anderen Mitgliedern des Verbandes notleidender Anrainer, was zu tun sei, damit der Sommer zu einem weniger strapaziösen Belastungstest wird. Alle sind der Meinung, daß die Antwort lautet: Härte und Festigkeit zeigen. Öfter nein als ja sagen. Das Herz stählen gegenüber dem Überraschungsbesuch, der kein Hotelzimmer finden kann, gegenüber dem armen Kind, das keinen Swimmingpool hat, gegenüber dem verzweifelten Reisenden, der seine Geldbörse verloren hat. Bleibt hart! Seid hilfsbereit, seid freundlich, seid grob, vor allem aber: Bleibt fest.

Und dennoch weiß ich – ich glaube, wir wissen es alle –, daß es uns im nächsten Sommer wieder genauso ergehen wird. Ich nehme an, daß es uns so gefällt. Oder daß es uns gefallen würde, wenn wir nicht so erschöpft wären.

Place du Village

Autos sind vom Dorfplatz verbannt worden. Auf drei Seiten sind Stände und breite Tische aufgestellt worden. Auf der vierten steht ein Gerüst, das mit bunten Lampen strahlt, mit einem erhöhten Podium, das aus Holzbrettern gebaut ist. Vor dem Café hat sich die übliche Anzahl von Stühlen und Tischen verzehnfacht; man hat einen zusätzlichen Kellner eingestellt, um die Menge der Kunden zu bedienen, die vom Metzger bis hinunter zum Postamt auf der Straße sitzen. Kinder und Hunde jagen sich zwischen den Tischen hindurch, klauen Zuckerwürfel von den Tischen und weichen den Stöcken alter Männer aus, die in gespieltem Zorn erhoben werden. Heute abend wird keiner früh schlafen gehen, nicht einmal die Kinder; denn heute findet das Dorffest statt, die *fête votive*.

Es beginnt am späten Nachmittag mit einem *pot d'amitié* auf dem Platz und der offiziellen Eröffnung der Stände. Ortsansässige Handwerker stehen hinter den Tischen; die Gesichter der Männer glänzen von einer Nachmittagsrasur, sie halten ein Glas in der Hand oder erledigen das letzte Zurechtrücken ihrer Auslagen. Da gibt es Töpfereien und Schmuck, Honig und Lavendelessenz, handgewebte Tücher, Stein- und Eisengeräte, Bilder und Holzschnitzereien, Bücher, Postkarten, Lederwaren, Korkenzieher mit gewundenen Olivenholzgriffen, Säckchen mit getrockneten Kräutern. Die Frau, die Pizza verkauft, macht gute Geschäfte, als die Menge nach dem ersten Glas Wein Hunger bekommt.

Menschen schlendern ziellos umher. Die Nacht senkt sich herab, es ist warm und ruhig, die Berge sind in der Ferne gerade noch sichtbar: schwarze Silhouetten gegen den Himmel. Auf der Bühne stimmt sich das Trio der Akkordeonspieler ein und stürzt sich dann in den ersten von vielen *paso dobles,* während die Rockgruppe aus Avignon, die später auftreten wird, noch im Café bei Bier und *pastis* probt.

Die ersten Tänzer erscheinen – ein alter Mann und seine

Enkeltochter, die ihr Näschen gegen seine Gürtelschnalle drückt und auf seinen Füßen steht. Zu ihnen gesellen sich Vater, Mutter und Tochter in einem Tanz *à trois,* dann mehrere ältere Ehepaare, die steif und förmlich miteinander tanzen, die Gesichter verraten die Konzentration, mit der sie die Schritte versuchen, die sie vor fünfzig Jahren gelernt haben.

Die *paso dobles* klingen mit einem Tusch aus. Die Rockgruppe wärmt sich auf mit fünfminütigem elektronischen Quieken, das von den alten Steinmauern der Kirche gegenüber der Bühne zurückgeworfen wird.

Die Sängerin der Gruppe, eine gutgebaute junge Dame in engsitzender schwarzer Hose und mit einer schreiend orangefarbenen Perücke hat bereits Publikum angelockt, noch bevor überhaupt ein Ton zu hören war. Ein alter Mann hat vom Café einen Stuhl herangeschleppt, um direkt vor der Sängerin zu sitzen. Als sie ihr erstes Lied beginnt, nehmen sich ein paar Jungen ein Beispiel an dem Alten und stellen sich neben seinen Stuhl. Alle starren wie hypnotisiert auf die glänzenden, kreisenden schwarzen Hüften direkt über ihren Köpfen. Die Dorfmädchen, die nicht genug Partner finden, tanzen miteinander, und zwar so nah wie möglich an den wie gebannt vor dem Mikrofon stehenden Jungen vorbei. Ein Kellner stellt sein Tablett ab, um vor einem hübschen Mädchen herumzustolzieren, das bei seinen Eltern sitzt. Sie wird rot und zieht den Kopf ein, doch die Mutter drängt sie zu tanzen. Geh schon. Die Ferien sind bald vorbei.

Nach einer Stunde Musik, die die Fenster der Häuser am Dorfplatz aus den Angeln zu heben droht, kommt die Gruppe zum Finale. Mit einer Intensität, die der Piaf in einer traurigen Nacht würdig gewesen wäre, schenkt uns die Sängerin

»*Comme d'habitude*« oder »My Way«, und hört, den Kopf über das Mikrofon gebeugt, mit einem Stöhnen auf. Der alte Mann nickt und schlägt mit dem Stock auf den Boden, und die Tänzer gehen wieder ins Café, um zu sehen, ob es noch Bier gibt.

Normalerweise wären an diesem Abend aus dem Feld hinter dem Kriegerdenkmal *feux d'artifice* in die Luft gegangen. In diesem Jahr ist Feuerwerk wegen der Dürre verboten. Es war trotzdem eine gute *fête*. Und habt ihr gesehen, wie der Briefträger getanzt hat?

HOTEL
HOTEL
CASINO
DEAUVILLE
CAEN

Haltet den Hund!

Ein Freund in London, der mich gelegentlich über Dinge von internationaler Bedeutung auf dem laufenden hält, von denen in *Le Provençal* nichts steht, hat mir einen beunruhigenden Zeitungsausschnitt geschickt. Er stammt aus der *Times* und enthüllt ein Unterfangen von unaussprechlicher Gemeinheit, einen Messerstich in den empfindlichsten Körperteil eines Franzosen.

Aus Italien hatte eine Schurkenbande weiße Trüffel (manchmal »industrielle« Trüffel genannt) importiert und mit Walnußfarbe eingefärbt, bis sie im Ton dunkel genug waren, um als schwarze Trüffel durchzugehen – die, wie jeder Gourmet weiß, unendlich mehr Geschmack haben als ihre weißen Cousins und unendlich mehr kosten. Der Berichterstatter der *Times* hat, wie ich meine, die Preise erheblich unterschätzt. Er spricht von vierhundert Francs das Kilo, was bei Fauchon in Paris einen Sturmangriff von Kauflustigen ausgelöst hätte; dort habe ich sie nämlich im Schaufenster für siebentausend Francs das Kilo gesehen.

Aber das war nicht der springende Punkt. Auf die Art des Verbrechens kam es hier an. Die wohlorganisierten französischen Champions der Gastronomie waren durch ein Täuschungsmanöver hereingelegt worden. Ihre Geschmacksnerven waren irregeführt, ihre Geldbörsen geplündert worden. Noch schlimmer: Der Schwindel war nicht einmal mit zweitklassigen heimischen Trüffeln, sondern mit Abfallgut aus Italien durchgeführt worden – aus *Italien*, du großer Gott! Ich hatte einmal gehört, wie ein Franzose sich über italienische Nahrungsmittel mit einem einzigen abwertenden Satz ausdrückte: Nach den Spaghettis kommt nichts mehr. Und doch hatten Hunderte, vielleicht Tausende von dubiosen Trüffeln aus Italien dank eines ganz gewöhnlichen Täuschungsmanövers ihren Weg in kundige französische Mägen gefunden. Es war der Schande genug, um einen Mann über seiner *foie gras* zum Weinen zu bringen.

Die Geschichte erinnerte mich daran, daß Alain mir angeboten hatte, ihn für einen Tag bei der Trüffelsuche am Fuße des Mont Ventoux zu begleiten und die Fähigkeiten seines Miniaturschweins im Einsatz zu begutachten. Als ich ihn anrief, berichtete er mir jedoch, es sei eine schlechte Saison, wegen der Dürre im Sommer. *En plus* war das Experiment mit dem Schwein ein Reinfall gewesen. Es war für die Arbeit nicht geeignet. Trotzdem, ein paar Trüffel hätte er schon, falls wir interessiert wären, klein, aber gut. Wir verabredeten uns in Apt, wo er jemanden wegen eines Hundes treffen wollte.

Es gibt in Apt ein Café, das an Markttagen voller Männer ist, die Trüffel zu verkaufen haben. Während sie auf Kunden warten, verbringen sie die Zeit damit, sich beim Kartenspiel zu betrügen und Lügen zu erzählen, wieviel sie einem durchreisenden Pariser für hundertfünfzig Gramm Dreck und Pilz abgeknöpft haben. Sie haben zusammenklappbare Waagen in der Tasche und alte Opinel-Messer mit Holzgriffen, die benutzt werden, um die Oberfläche einer Trüffel anzuschneiden, damit man sieht, ob er bis unter die Haut schwarz ist. In den Geruch von Kaffee und schwarzem Tabak mischt sich hier der erdige Geruch des Inhalts der schäbigen Leinensäcke

auf den Tischen. Man nippt am Glas Rosé. Das Gespräch verläuft oft in geheimnistuerischem Gemurmel.
Während ich auf Alain wartete, beobachtete ich zwei Männer, die über ihre Gläser gebeugt dasaßen, die Köpfe zusammensteckten und sich immer mal wieder vorsichtig umschauten. Einer der beiden zog einen zersprungenen Bic-Schreiber hervor und schrieb etwas in seinen Handteller, zeigte seinem Gegenüber, was er geschrieben hatte, spuckte in die Hand und rieb es weg. Was könnte es wohl gewesen sein? Der neue Preis pro Kilo? Die Kombination für den Banksafe nebenan? Eine Warnung? Kein Wort mehr. Der Mann mit der Sonnenbrille beobachtet uns ...
Alain traf ein. Alle im Café sahen ihn an, so wie sie vorher mich angeschaut hatten. Ich war mir vorgekommen, als hätte ich eine gefährliche, ungesetzliche Tat vor, und wollte doch nur Zutaten für ein Omelett kaufen.
Ich hatte den Ausschnitt der *Times* mitgebracht; die Geschichte war Alain aber längst bekannt. Ein Freund aus dem Périgord hatte ihm davon erzählt; im Périgord hatte es wegen der Geschichte unter ehrlichen Trüffelhändlern Wut und Empörung gegeben und bei den Kunden massives Mißtrauen und Zweifel.
Alain war nach Apt gekommen, um über den Kauf eines neuen Trüffelhundes zu verhandeln. Er kannte zwar den Besitzer, aber nicht sehr gut, und deshalb würde das Geschäft einige Zeit in Anspruch nehmen. Der verlangte Preis – zwanzigtausend Francs – war zu hoch, um den Hund ungeprüft zu nehmen. Unbesehen darf man nichts kaufen. Man würde ihn bei der Arbeit im Freien beobachten müssen. Man müßte sein genaues Alter herausfinden, seine Ausdauer und seinen Geruchssinn prüfen. Man kann nie wissen.

Ich fragte nach seinem Miniaturschwein. Alain zuckte die Schultern und zog den Zeigefinger über die Kehle. Am Ende blieb als Lösung nur der Hund, wenn man die Mühe mit einem ausgewachsenen Schwein nicht auf sich nehmen wollte. Doch den richtigen Hund zu finden, einen Hund, der sein Gewicht in Banknoten wert sei – das war gar nicht so einfach. Es gibt keine besondere Rasse von Trüffelhunden. Die meisten Trüffelhunde, die ich gesehen hatte, waren kleine, unauffällige, kläffende Geschöpfe, die so ausschauten, als ob viele Generationen zuvor einmal kurz ein Terrier in den Stammbaum hineingespielt hätte. Alain selbst hatte einen alten Schäferhund, der in seinen guten Jahren ordentliche Arbeit geleistet hatte. Es kam ganz auf den individuellen Instinkt und auf die Ausbildung an; es gab auch keinerlei Garantie, daß ein Hund, der für seinen Besitzer Trüffel fand, auch für einen anderen Besitzer Trüffel finden würde. Dazu fiel Alain etwas ein. Er lächelte. Es gab da eine berühmte Geschichte. Er füllte sein Glas nach und erzählte.

Ein Mann aus St. Didier hatte einmal einen Hund, der Trüffel fand, so erzählte er, wo vorher noch nie ein Hund Trüffel gefunden hatte. Während des Winters kamen andere Jäger mit einer Handvoll oder einem Dutzend Trüffel aus den Bergen zurück, doch der Mann aus St. Didier kam mit einem überquellenden Rucksack ins Café. Der Hund war ein Wunder, eine *merveille,* und der Eigentümer hörte nie auf, mit seinem kleinen Napoléon zu prahlen, wie der Hund seiner goldenen Nase halber genannt wurde.

Den Napoléon hätten viele gerne gehabt, doch wann immer sie ihn kaufen wollten, lehnte der Besitzer ab. Bis eines schönen Tages ein Mann ins Café trat und vier *briques* auf den Tisch legte, vier dicke zusammengebundene Bündel, also vierzigtausend Francs. Das war ein außergewöhnlich hoher Preis, und das Angebot wurde angenommen, allerdings nach einigem Zögern. Napoléon zog mit seinem neuen Herrn davon.

Er fand für den Rest der Saison nicht eine einzige Trüffel. Der neue Besitzer war *en colère.* Er brachte Napoléon ins Café zurück und wollte sein Geld wiederhaben. Der ehemalige Besitzer schickte ihn weg und sagte, er solle erst einmal richtig jagen lernen. So ein *imbécile* habe einen Hund wie Napoléon überhaupt nicht verdient. Es gab andere, äußerst unangenehme Worte; die Rückerstattung des Kaufpreises aber stand nicht zur Diskussion.

Der neue Besitzer fuhr nach Avignon und suchte einen Rechtsanwalt auf. Der Rechtsanwalt sagte, was Rechtsanwälte häufig sagen: Da handele es sich um eine Grauzone. Es gab keinen Präzedenzfall, auf den man sich berufen könne; es gebe in der ganzen, penibelst dokumentierten Geschichte der französischen Rechtsprechung keinen Fall über einen Hund, der seinen Pflichten nicht nachgekommen war. Das wäre gewiß ein Fall, den nur ein gelehrter Richter entscheiden könnte.

Monate und viele Beratungen später wurden die beiden Männer vor Gericht zitiert. Der Richter, ein gründlicher und gewissenhafter Mensch, legte Wert darauf, daß in diesem Fall alle Hauptbeteiligten beim Prozeß anwesend waren. Ein *Gendarme* wurde ausgeschickt, den Hund gefangenzunehmen und als Zeugen in den Gerichtssaal zu führen.

Ob die Anwesenheit des Hundes im Zeugenstand dem Richter bei der Urteilsfindung geholfen hat oder nicht, ist nicht bekannt, doch wurde folgendes Urteil gefällt: Napoléon sollte wieder seinem alten Besitzer übergeben werden, der die

Hälfte des Kaufpreises zurückerstatten sollte; die andere Hälfte durfte er wegen des Verlustes, der ihm aufgrund des fehlenden Hundes entstanden war, als Trost behalten.
Wieder vereint, zogen Napoléon und sein alter Herr von St. Didier um, in ein Dorf nördlich von Carpentras. Zwei Jahre später wurde ein ähnlicher Fall bekannt, obwohl, wegen der Inflation, die Summen, um die es da ging, um einiges höher lagen. Napoléon und sein Herrchen hatten es wieder einmal geschafft.
An dieser Geschichte war mir allerdings ein Detail unverständlich. Wenn der Hund ein solcher Virtuose der Trüffeljagd war, mußte der Besitzer eigentlich doch mehr Geld verdienen, wenn er ihn für sich arbeiten ließ, als wenn er ihn verkaufte – selbst bei Berücksichtigung des Faktums, daß er laut Gerichtsurteil jedesmal die Hälfte des Geldes behalten durfte.
Ah, sagte Alain, Sie haben angenommen, wie übrigens alle anderen auch, daß die Trüffel im Rucksack an dem Tag von Napoléon gefunden worden sind, als sie ins Café gebracht wurden.
Non?
Non. Sie wurden im *congélateur* aufbewahrt und ein- oder zweimal die Woche herausgenommen. Der Hund hätte in der *charcuterie* nicht einmal ein Schnitzel gerochen. Er hatte eine Holznase.
Alain leerte sein Glas. »Man darf einen Hund nie im Café kaufen. Nur dann, wenn man ihn bei der Arbeit beobachtet hat.« Er schaute auf die Uhr. »Ich hätte noch Zeit für ein Glas. Und Sie?«
Immer, habe ich geantwortet. Ob er vielleicht noch eine Geschichte wüßte?

»Als Schriftsteller müßte Ihnen die folgende gefallen«, sagte er. »Sie hat sich bereits vor vielen Jahren zugetragen. Man hat mir aber versichert, daß sie wahr ist.«

Einem Bauern gehörte ein Stück Land, das ein wenig von seinem Haus entfernt lag. Es war kein großes Stück Land, keine zwei Hektar groß, doch dort standen, dichtgedrängt, alte Eichen, und dort gab es in jedem Winter viele Trüffel, genug Trüffel, damit der alte Mann den Rest seines Lebens in angenehmem Müßiggang verbringen konnte. Sein Schwein mußte kaum suchen.

Die Trüffel wuchsen Jahr um Jahr mehr oder weniger genau dort, wo sie zuvor gewachsen waren. Es war, als ob unter den Bäumen Geld wüchse. Gott war gut, und für seinen Lebensunterhalt war gesorgt.

Man kann sich den Ärger des Bauern vorstellen, als er eines Morgens erstmalig frisch ausgehobene Erde unter den Bäumen fand. Da war bei Nacht ein Lebewesen auf seinem Land gewesen, vielleicht ein Hund, vielleicht sogar ein wildes Schwein. Ein Stück weiter bemerkte der Bauer eine Zigarettenkippe, die in die Erde gedrückt worden war – eine neumodische Filterzigarette, nicht die Art von Zigarette, die *er* rauchte. Und die stammte bestimmt nicht von einem wildernden Schwein. Die Sache war äußerst beunruhigend.

Beim Gang von Baum zu Baum wuchs seine Unruhe. Da war noch mehr Erde aufgedeckt, an Steinen entdeckte er frische Spuren, die nur von einer Trüffelhacke verursacht worden sein konnten.

Sein Nachbar war es nicht; der konnte es nicht gewesen sein. Es mußte ein Ausländer gewesen sein, jemand, der nicht wußte, wie wertvoll sein Stück Land war.

Als vernünftiger Mensch mußte er zugeben, daß ein Ausländer nie wissen könnte, ob Land Privatbesitz war oder nicht. Zäune und Schilder kosteten Geld; er hatte sie auch nie als notwendig empfunden. Sein Land war sein Land; das wußte doch jeder. Aber die Zeiten hatten sich offenbar geändert; fremde Menschen fanden ihren Weg in die Berge. An dem Nachmittag fuhr er in die nächstgelegene Stadt und kaufte sich einen Armvoll Schilder: *Proprieté privée, défense d'entrer* und, zur Sicherheit, dazu noch drei oder vier Tafeln mit der Aufschrift *Chien méchant.* Er arbeitete mit seiner Frau zusammen bis Anbruch der Dunkelheit, um sie an der Grenze seines Besitzes aufzustellen.

Einige Tage lang gab es keinerlei Anzeichen von dem Fremden mit der Trüffelhacke, und der Bauer beruhigte sich wieder. Es war der dumme Irrtum eines unwissenden Menschen gewesen – obwohl der Bauer sich die Frage stellen mußte, wieso ein unschuldiger Mensch mitten in der Nacht nach Trüffeln suchen sollte.

Und dann passierte es wieder. Da hatte jemand die Schilder einfach nicht beachtet, das Land betreten und im Schutz der Nacht wer weiß wie viele Trüffel aus der Erde geholt und mitgenommen. Das konnte nun wirklich nicht mehr als harmlose Tat eines unwissenden Enthusiasten entschuldigt werden. Das hatte ein *braconnier* getan, ein Wilderer, ein Dieb in der Nacht, der sich an der einzigen Einkommensquelle eines alten Mannes zu bereichern hoffte.

Der Bauer besprach das Problem abends mit seiner Frau, als sie zusammen in der Küche saßen und ihre Suppe aßen. Sie könnten natürlich die Polizei rufen. Da aber die Trüffel – oder jedenfalls das Geld aus dem Verkauf der Trüffel – offiziell nicht existierten, wäre es unklug gewesen, damit die Behörden zu belästigen. Die hätten nach dem Wert des gestohlenen Gutes gefragt, und Privatwissen dieser Art sollte besser privat bleiben. Und im übrigen könnte die offizielle Strafe für das Wildern von Trüffeln, selbst wenn es zu einer Gefängnisstrafe käme, niemals die Tausende von Francs ersetzen, die der unehrliche Wilderer sich vielleicht gerade eben in die Taschen steckte.

Das Ehepaar beschloß also, sich auf strengere und befriedigendere Weise Recht zu verschaffen, und der Bauer suchte seine beiden Nachbarn auf, die sich sicherlich auf das in solchem Fall Notwendige verstanden.

Sie erklärten sich bereit, ihm zu helfen. Mehrere lange, kalte Nächte lang warteten die drei mit ihren Schrotflinten unter den Trüffeleichen und kehrten erst in der Dämmerung nach Hause zurück – leicht beschwipst von dem *marc*, den sie gegen die Kälte hatten trinken müssen. Und dann, endlich eines Nachts, als Wolken sich vor den Mond schoben und der *mistral* in die Gesichter der drei Männer biß, sahen sie die Scheinwerfer eines Autos. Am Ende der Fahrspur blieb es stehen, zweihundert Meter weiter unten.

Der Motor erstarb, die Scheinwerfer gingen aus, Türen wurden geöffnet und leise wieder geschlossen. Stimmen. Dann der Schein einer Taschenlampe, der sich langsam näherte.

Zuerst kam ein Hund an die Bäume heran. Er blieb stehen, nahm die Witterung der Männer auf und bellte – ein hohes, nervöses Bellen, dem sofort ein *sssshhhh* folgte; der Wilderer brachte den Hund zur Ruhe. Die drei Männer krümmten die Finger, um die Flinten fester zu halten, und der Bauer knipste die Taschenlampe an, die er für den Hinterhalt mitgebracht hatte.

Der Strahl traf die Wilderer, als sie die Lichtung betraten: ein ganz gewöhnliches Ehepaar mittleren Alters, die Frau trug

eine kleine Tasche, der Mann Taschenlampe und Trüffelhacke. In flagranti.
Die drei Männer zogen mit ihrer Artillerie eine große Schau ab und gingen auf das Ehepaar los. Das war ohne Gegenwehr, und mit den Gewehrläufen vor dem Gesicht gaben sie bald zu, daß sie hier nicht zum erstenmal Trüffel stahlen.
Wie viele Trüffel? fragte der Bauer. Zwei Kilo? Fünf Kilo? Mehr?
Die Diebe schwiegen. Die drei Männer schwiegen: Sie dachten darüber nach, was sie jetzt tun sollten. Es mußte Gerechtigkeit geschehen; noch wichtiger als Gerechtigkeit: es mußte Geld gezahlt werden. Ein Nachbar flüsterte dem Bauern etwas ins Ohr, und der Bauer nickte: Jawohl, das werden wir tun. Und er verkündete das Urteil des improvisierten Gerichtshofs.
Wo hatte der Dieb seine Bank? In Nyons? *Ah bon.* Wenn Sie jetzt losmarschieren, werden Sie dort ankommen, wenn sie aufmacht. Sie werden dreißigtausend Francs abheben und sie hierherbringen. Wir werden Ihr Auto, Ihren Hund und Ihre Frau hierbehalten, bis Sie zurückkommen.
Der Wilderer begann seinen vierstündigen Marsch nach Nyons. Sein Hund wurde in den Kofferraum des Wagens gesperrt, seine Frau in den Fonds. Die drei Männer zwängten sich ebenfalls hinein. Es war eine kalte Nacht. Sie dösten von einem Schlückchen *marc* bis zum nächsten.
Dämmerung, Vormittag, Mittag ...
Alain brach ab. »Sie sind Schriftsteller«, sagte er. »Wie endet die Geschichte Ihrer Meinung nach?«
Ich riet zweimal. Beide Male daneben. Alain lachte.
»Ganz einfach und überhaupt nicht *dramatique*«, sagte er. »Außer eventuell für die Frau. Der Dieb ging zu seiner Bank,

hob das ganze Geld ab, das er besaß, und dann – *pouf!* – war er verschwunden.«

»Er ist nie zurückgekommen?«

»Den hat keiner je wiedergesehen.«

»Auch seine Frau nicht?«

»Seine Frau bestimmt nicht. Er hatte seine Frau nicht gern.«

»Und der Bauer?«

»Der hat sich bis zum Tode geärgert.«

Alain sagte, er müsse gehen. Ich zahlte ihm für die Trüffel und wünschte ihm und seinem neuen Hund Glück. Bei meiner Heimkehr schnitt ich eine Trüffel durch, um mich zu vergewissern, daß sie echt war. Sie war jedoch wirklich durch und durch schwarz. Alain schien ein anständiger Kerl zu sein, aber man kann ja nie wissen.

Das Leben durch eine rosarote Brille

Einheimisch werden.

Ich weiß nicht, ob es als Scherz gemeint war, als Beleidigung oder als Kompliment. Gesagt hat es der Mensch aus London auf jeden Fall. Er war unerwartet vorbeigekommen, auf dem Weg zur Küste, und blieb mittags zum Essen. Wir hatten ihn fünf Jahre lang nicht gesehen, und er war ganz offensichtlich neugierig auf die Auswirkungen, die das Leben in der Provence auf uns hatte, und suchte nach Anzeichen moralischen und physischen Verfalls.

Wir waren uns gar nicht bewußt, uns verändert zu haben. Er war sich da aber ganz sicher, obwohl er uns konkret keine Beispiele nennen konnte. In Ermangelung einer einzigen Veränderung von der Eindeutigkeit eines Delirium tremens, von eingerostetem Englisch oder von Frühsenilität klassifizierte er uns in die vage, bequemere und allumfassende Kategorie der Einheimisch-Gewordenen!

Als er in seinem sauberen Auto abfuhr, dessen Telefonantenne fröhlich im Wind vibrierte, schaute ich auf unseren kleinen und staubigen Citroën, der jeglicher Kommunikationstechnologie bar war. Der war ganz bestimmt ein einheimisches Auto. Und im Vergleich mit der Côte-d'Azur-Montur unseres Gastes kleidete ich mich wie die Einheimischen – ein altes Hemd, kurze Hosen, keine Schuhe. Dann fiel mir ein, wie oft er während des Essens auf die Uhr geschaut hatte, weil er um achtzehn Uhr dreißig in Nizza mit Freunden verabredet war. Nicht etwa später, nicht irgendwann an diesem Abend, nein, pünktlich um achtzehn Uhr dreißig. Ein so hohes Niveau des Zeitbewußtseins hatten wir längst aufgegeben, da es in der hiesigen Umgebung von niemandem unterstützt wird, und wir leben nun mal nach den Regeln des ungefähren Rendezvous. Auch das eine Gewohnheit der Einheimischen.

Je mehr ich darüber nachdachte, desto bewußter wurde mir, daß wir uns verändert haben müssen. Ich hätte es nicht so bezeichnet, daß wir so geworden seien wie Einheimische. Es gibt jedoch mindestens ein Dutzend Unterschiede zwischen unserem früheren und unserem jetzigen Leben, denn wir mußten uns anpassen. Schwer ist es uns allerdings nicht gefallen, die meisten Veränderungen haben allmählich stattgefunden, fast unmerklich, und die meisten bedeuten Verbesserungen.

Wir sehen nicht mehr fern. Das war kein selbstgerechter Entschluß, um Zeit für geistvollere Dinge zu gewinnen: Es passiert einfach so. Im Sommer kann das Fernsehprogramm mit dem Beobachten des Himmels einfach nicht konkurrieren. Im Winter nicht mit dem Abendessen. Wir haben den Fernseher jetzt in einem Schrank verstaut, um mehr Platz für Bücher zu schaffen.

Wir essen besser als früher, wahrscheinlich auch billiger. Es ist unmöglich, in Frankreich zu wohnen und gegenüber der nationalen Begeisterung für das Essen immun zu bleiben – außerdem: Wer wollte das schon? Warum nicht aus der täglichen Notwendigkeit ein tägliches Vergnügen machen? Wir haben uns in den gastronomischen Rhythmus der Provence eingefügt und nutzen die Vorteile, die uns die Natur das ganze Jahr hindurch bietet: Spargel, winzige *haricots verts,* die kaum dicker als Zündhölzer sind, dicke *fèves,* Kirschen und Melonen und Trauben, Mangold, wilde Pilze, Oliven, Trüffel – jede Jahreszeit hat ihre eigenen Köstlichkeiten. Mit der Ausnahme der teuren Trüffel kostet nichts mehr als ein paar Francs pro Kilo.

Mit Fleisch ist das eine andere Sache. Die Preise beim Metzger können dem Käufer Angst einjagen. Die Provence ist kein Weideland für Rinder; der Engländer, der am Sonntag sein Roastbeef haben will, tut also gut daran, sein Scheckheft mitzubringen und gegen eine Enttäuschung gewappnet zu sein, denn das Rindfleisch ist weder billig noch zart. Lamm dagegen, vor allem Lamm aus der Gegend um Sisteron, wo die Schafe sich selbst mit Kräutern würzen, hat einen Geschmack, dem Minze beizugeben einem Verbrechen gleichkäme. Und vom Schwein ist jedes Teil ausgezeichnet.

Trotzdem essen wir jetzt weniger Fleisch. Gelegentlich ein Huhn, *appellation contrôlée,* aus Bresse, die wilden Kaninchen, die uns im Winter Henriette bringt, ein *cassoulet,* wenn die Temperatur fällt und der *mistral* ums Haus heult – von Zeit zu Zeit ist Fleisch etwas Herrliches. Die tägliche Portion Fleisch aber gehört der Vergangenheit an. Es gibt ja so viel anderes: Mittelmeerfisch, frische Pasta, unendlich viele Rezepte für all die Gemüse, Dutzende Sorten von Brot, Hunderte Sorten von Käse.

Es mag an unseren veränderten Eßgewohnheiten und an den anderen Rezepten liegen – alle mit Olivenöl –, auf jeden Fall haben wir beide an Gewicht verloren. Nur ein bißchen, doch genug, daß Freunde überrascht sind, die erwarteten, daß wir einen aufgeblähten *embonpoint* bekommen – den Bauch auf Stelzen, den Menschen mit gutem Appetit und dem Glück, in Frankreich zu wohnen, gelegentlich entwickeln.

Ohne daß irgendeine Absicht dahintersteckt, bewegen wir uns auch mehr, nicht die grimmigen Verrenkungen, die von ausgezehrten Frauen in Trikots vorgeführt werden, sondern die Bewegung, die für das Dasein in einem Klima ganz natürlich ist, das einem acht oder neun Monate des Jahres im Freien zu leben ermöglicht. Mit Selbstdisziplin hat das nichts zu tun, wenn man von den kleinen, notwendigen Tätigkeiten des Lebens auf dem Lande absieht – Holzhacken fürs Kaminfeuer, Unkrautjäten, Anpflanzen, Putzen, Bücken und Heben. Außer daß wir bei jeder Witterung spazierengehen.

Wir haben Gäste im Haus gehabt, die nicht glauben wollten, daß Spazierengehen anstrengend sein kann: Es ist keine dramatische Anstrengung, man spürt die Nebenwirkungen nicht sofort, nicht brutal. Zu Fuß geht doch jeder, heißt es, das ist doch keine körperliche Betätigung. Und wenn sie es unbedingt wollen, nehmen wir sie auf einen Spaziergang mit den Hunden mit.

Die ersten Minuten laufen wir auf ebener Erde, über den Fußweg unten am Berg, das ist leicht, mühelos. Wie angenehm, ein bißchen frische Luft zu bekommen und den Mont Ventoux in der Ferne zu sehen. Aber Körperbetätigung? Sie seien ja nicht einmal ein bißchen außer Atem.

Dann biegen wir vom Weg ab auf eine Spur, die zum Zedernwald oben am Rücken des Lubéron hinaufführt. Der wird anders – nach dem Sandboden, der mit Fichtennadeln gepolstert ist, kommen Felsen und Geröllzonen, es geht bergan. Nach fünf Minuten haben die herablassenden Bemerkungen aufgehört, Spazierengehen sei etwas für alte Männer. Nach zehn Minuten sind überhaupt keine Bemerkungen mehr zu hören, nur noch das Geräusch eines zunehmend schweren

Atmens, das von Husten unterbrochen wird. Die Spur schlängelt sich um Felsblöcke herum und unter so tief herabhängenden Ästen, daß man sich oft bücken muß. Da gibt es keinen ermutigenden Anblick des Gipfels mehr; die Aussicht ist auf ein paar hundert Meter beschränkt, oder man sieht nur noch den schmalen, steinigen, steilen Pfad, bis er hinter dem nächsten Felsvorsprung verschwindet. Wenn jemand noch hinreichend Luft bekommt, reicht es vielleicht gerade noch zum Fluchen über den Knöchel, der auf dem rutschenden Geröll umknickt. Beine und Lungen tun weh.

Die Hunde trotten voraus, unsere Gruppe hat sich zerstreut, die mit der geringsten Kondition stolpern mit gebeugtem Rücken und den Händen auf den Schenkeln voraus. Am Stehenbleiben hindert sie meist der eigene Stolz, stur keuchen sie mit gesenktem Haupt und einem Gefühl des Unwohlseins weiter. Die werden Spazierengehen nie wieder als Kinderspiel bezeichnen.

Oben wird man mit dem Anblick einer stillen, außergewöhnlichen Landschaft belohnt, die manchmal unheimlich, doch immer schön ist. Die Zedern sind herrlich – und wie verzaubert, wenn sie von Schnee bedeckt sind. Hinter ihnen, an der Südseite des Berges, fällt der Berg steil ab, abgemildert nur von Thymian und Buchsbaum, die auch noch im armseligsten Felsspalt gedeihen.

Wenn der *mistral* bereits geweht hat und die Luft glänzt, ist an einem klaren Tag die Aussicht zum Meer hin weit und deutlich, fast wie unter einem Vergrößerungsglas, und man hat das Gefühl, Hunderte von Kilometern von der übrigen Welt entfernt zu sein. Mir ist dort oben auf der Straße, die der Forstdienst durch die Zedern geschlagen hat, einmal ein Bauer begegnet. Er fuhr auf einem alten Fahrrad, hatte ein

Gewehr über die Schulter gehängt; neben ihm trabte ein Hund. Wir waren beide erschrocken, einen anderen Menschen zu sehen. Normalerweise herrscht hier oben nämlich kein so starker Verkehr; an Geräuschen hört man nur das Pfeifen des Windes in den Bäumen.

Die Tage vergehen langsam, doch die Wochen rasen vorbei. Wir messen das Jahr jetzt auf eine Art, die sich nicht mehr am Kalender orientiert. Im Februar blühen die Mandeln, und im Vorfrühling gibt es ein paar Wochen panische Aktivität im Garten, wenn wir die Arbeit hinter uns zu bringen versuchen, über die wir den ganzen Winter über geredet haben. Der Frühling ist eine Kombination aus Kirschblüte und tausend Unkräutern und den ersten Gästen des Jahres, die hier ein subtropisches Wetter erwarten und oft nur Regen und Wind vorfinden. Der Sommer kann im April beginnen, oder auch im Mai. Daß er angebrochen war, wußten wir, als Bernard vorbeikam, um uns zu helfen, den Swimmingpool zu reinigen.

Mohnblüten im Juni, Dürre im Juli, Stürme im August. Die Reben beginnen rostig zu werden, die Jäger erwachen aus ihrem sommerlichen Tiefschlaf, die Trauben sind gepflückt und das Wasser im Pool wird kühler und kühler, bis es schließlich zu kalt wird – außer für einen Masochisten. Da muß es dann Ende Oktober sein.

Der Winter ist eine Zeit guter Vorsätze; einige werden sogar wahr. Ein toter Baum wird gefällt, eine Mauer wird tatsächlich gebaut, die alten Gartenstühle aus Stahl werden neu gestrichen, und wann immer wir ein bißchen Zeit haben, holen wir das Wörterbuch hervor, um den Kampf mit der französischen Sprache von neuem zu beginnen.

Unser Französisch ist besser geworden, und die Vorstellung,

einen ganzen Abend nur in französischer Gesellschaft zu verbringen, ist nicht mehr gar so beängstigend wie früher. Aber vieles war – um einen Ausdruck zu verwenden, der oft in meinen Zeugnissen stand – doch »sehr verbesserungsbedürftig«. Noch mehr anstrengen. Und so kriechen wir durch Bücher von Pagnol und Giono und de Maupassant, kaufen uns regelmäßig *Le Provençal*, lauschen dem Vortrag der Nachrichtensprecher und bemühen uns, die Geheimnisse dessen zu entwirren, was uns unablässig als die Logik der französischen Sprache angepriesen wird.

Das halte ich für einen Mythos, den Franzosen erfunden haben, um Ausländer zu verwirren. Wo ist denn beispielsweise die Logik in der Genus-Zuordnung von Eigennamen und Hauptwörtern? Warum ist die Rhône im Französischen männlich und die Durance weiblich? Beides sind Flüsse, und wenn sie schon ein Genus haben müssen, warum dann nicht das gleiche?

Als ich einen Franzosen bat, mir das zu erklären, hielt er mir einen wissenschaftlichen Vortrag über Quellen, Bäche und Ströme, der nach seiner Auffassung alle Fragen ein für allemal beantwortete – natürlich logisch beantwortete. Dann wandte er sich dem männlichen Ozean zu, der weiblichen See, dem männlichen Meer und der weiblichen Pfütze. Da kommt selbst das Wasser nicht mehr mit.

Seine Ausführungen haben meine Theorie nicht erschüttert, die dahingeht, daß das Genus nur aus einem einzigen Grund besteht, nämlich einem das Leben schwerzumachen. Maskulin und feminin sind auf willkürliche, abstruse Weise verteilt, manchmal sogar unter leichtfertiger Mißachtung der anatomischen Feinheiten. Das französische Wort für Vagina lautet *le vagin*. Maskulin. Wie kann ein Student hoffen, in einer

Sprache, in der die Vagina männlich ist, mit Logik weiterzukommen?

Da gibt es ferner das androgyne *lui,* das am Anfang so manchen Satzes lauert wie ein heimtückischer Hinterhalt. Normalerweise bedeutet *lui:* ihn. In manchen Konstruktionen bedeutet *lui*: ihr. Oft werden wir über das Geschlecht von *lui* aber auch im unklaren gelassen, bis es durch die Einführung von »er« oder »sie« geklärt wird. So etwa in der Wendung »*Je lui ai appelée*« (Ich habe ihm zugerufen). Ein kurzes Rätsel, mag sein, doch eines, das den Anfänger ganz schön durcheinanderbringt, besonders aber, wenn der Vorname des betreffenden *lui* eine Mischung aus Maskulin und Feminin ist, wie beispielsweise bei Jean-Marie oder Marie-Pierre.

Und das ist noch nicht einmal das Schlimmste. Innerhalb der Förmlichkeiten der französischen Syntax ereignen sich tagtäglich die seltsamsten Dinge. Ein Zeitungsbericht, der kürzlich über die Heirat des Popstars Johnny Halliday berichtete, unterbrach die Beschreibung des Brautkleids, um Johnny lobend auf die Schulter zu klopfen. »*Il est*«, hieß es da im Bericht, »*une grande vedette.*« Im Rahmen eines kurzen Satzes hat der Star das Geschlecht gewechselt, und das auch noch an seinem Hochzeitstag.

Es mag an diesen verwirrenden Drehungen und Wendungen liegen, daß Französisch jahrhundertelang die Sprache der Diplomatie gewesen ist, in der Klarheit und Einfachheit nicht für notwendig oder sogar nicht einmal für wünschenswert befunden werden. Ja, die Schutz bietende, förmliche und formale Wendung, die in ihrer Unklarheit mehr als cinc Deutungsmöglichkeit enthält, bringt einen Botschafter nicht so leicht in Verlegenheit wie schlichte Worte, die meinen, was sie sagen. Laut Alex Dreier ist »jeder Mensch, der zweimal überlegt, bevor er nichts sagt«, ein Diplomat. Für ihn ist die Nuancierung und das bedeutsame Unklare essentiell, und vielleicht ist das Französische so geworden, wie es ist, um solches linguistisches Unkraut in den Nischen eines jeden Satzes zum Erblühen zu bringen.

Aber Französisch ist eine schöne, reich modulierte und romantische Sprache – auch wenn sie die Ehrfurcht nicht ganz verdient, die etwa dazu führen kann, daß ein französischer Sprachkurs von solchen Leuten, die sie als Nationalheiligtum und leuchtendes Beispiel betrachten, wie sie alle Welt sprechen sollte, als *»cours de civilisation«* bezeichnet wird. Man kann sich das Entsetzen dieser Puristen vorstellen angesichts der ausländischen *horreurs,* die sich heute im Alltagsfranzösisch einschleichen.

Das Unheil begann wahrscheinlich damit, daß sich *le weekend* über den Ärmelkanal nach Paris ausdehnte, etwa zur gleichen Zeit, als ein Nachtklubbesitzer in Pigalle sein Etablissement *Le Sexy* taufte. Das hat dann unvermeidlich zur anrüchigen Einrichtung von *le weekend sexy* geführt, zur Freude von Pariser Hotelbesitzern und zur Verzweiflung ihrer Kollegen in Brighton und anderen, erotisch weniger gesegneten Erholungszentren.

Die Eroberung der Sprache hat im Schlafzimmer nicht haltgemacht. Sie hat auch das Büroleben infiltriert. Der Manager hat inzwischen *un job.* Wenn der Arbeitsdruck für ihn zu groß wird, fühlt er sich zunehmend *stressé;* das hat möglicherweise mit den Anforderungen an *un leader* im Dschungel von *le marketing* zu tun. Der arme, überarbeitete Kerl hat nicht einmal mehr Zeit für das traditionelle dreistündige Mittagessen und muß sich mit *le fast food* begnügen. Es ist die schlimmste Form des *Franglais* und macht die alten Herrschaften der Académie Française schier wahnsinnig. Ich kann es ihnen nicht verdenken. Solch plumpe Einschübe in eine so elegante Sprache sind *scandaleux;* oder, um es anders auszudrücken, *les pits.*

Der allmähliche Vormarsch des *Franglais* wird durch die Tatsache gefördert, daß die französische Sprache ein viel kleineres Vokabular besitzt als die englische. Das bringt seine eigenen Probleme mit sich, weil ein und dasselbe Wort mehrere Bedeutungen haben kann. In Paris bedeutet beispielsweise die Wendung *»je suis ravi«* normalerweise so viel wie »Ich bin entzückt«. Im Café du Progrès in Ménerbes dagegen hat *ravi* eine zweite, gar nicht angenehme Bedeutung; dieselbe Wendung kann hier gleichbedeutend sein mit: »Ich bin der Dorftrottel«.

Um meine Konfusion zu kaschieren und wenigstens einige der vielen Fallen zu umgehen, habe ich gelernt, wie ein Eingeborener zu grunzen, und all die kurzen, aber ausdrucksstarken Laute auszustoßen – das pointierte Einatmen, das verständnisvolle Schnalzen, das Murmeln von *beh oui* –, die im Gespräch wie Sprungbretter von einem Thema zum nächsten verwendet werden.

Von solchen Lauten ist am flexibelsten und daher nützlichsten das kurze und anscheinend eindeutige *ah bon,* das man mit oder ohne Fragezeichen gebrauchen kann. Ich habe gedacht, es bedeute, was es sagt. Aber natürlich ist es nicht so. Ein typischer Wortwechsel mit der richtigen Beimischung von Katastrophenton und Pessimismus könnte etwa folgendermaßen ablaufen:

»Diesmal hat der junge Pierre wirklich Probleme.«

»Oui?«

»*Beh oui.* Er kam aus einem Café, stieg in sein Auto, überfuhr einen *Gendarme* – er ist völlig *écrasé* –, fuhr gegen eine Mauer, flog durch die Windschutzscheibe, schlug sich den Kopf ein, und außerdem brach an vierzehn Stellen das Bein.«

»*Ah bon.*«

Je nach Betonung und Ton, kann das *ah bon* Entsetzen, Unglauben, Gleichgültigkeit, Irritation oder Freude ausdrücken – eine beachtliche Leistung für zwei kleine Wörter.

Auf ähnliche Weise läßt sich der größte Teil einer kurzen Unterhaltung mit zwei anderen Einsilbern bestreiten – *ça va*, wörtlich: »Es geht.« Tagtäglich begegnen sich in allen französischen Städten Bekannte auf der Straße, begrüßen sich mit dem Ritus des Handschlags und führen etwa folgenden rituellen Dialog:

»*Ça va?*«

»*Oui. Ça va, ça va. Et vous?*«

»*Boh, ça va.*«

»*Bieng. Ça va alors.*«

»*Oui, oui. Ça va.*«

»*Allez. Au 'voir.*«

»*Au 'voir.*«

Die Wörter allein werden der Situation nicht gerecht; sie wird mit Achselzucken und Seufzern und gedankenreichen Pausen verziert, die bis zu zwei oder drei Minuten andauern können, wenn die Sonne scheint und es nichts Dringendes zu erledigen gibt. Und natürlich wird das gleiche gemächliche, angenehme Bemerken von Gesichtern aus der Nachbarschaft während der morgendlichen Botengänge mehrmals wiederholt.

Man kommt nach einigen Monaten mit solch angenehmen Begegnungen leicht zu der irrigen Auffassung, man beherrsche das umgangssprachliche Französisch. Man mag sogar lange Abende mit Franzosen verbracht haben, die erklären, einen zu verstehen. Sie werden mehr als Bekannte, sie werden zu Freunden. Und wenn sie den Augenblick für gekommen halten, bieten sie das Geschenk ihrer Freundschaft in gesprochener Form, die ein völlig neues Spektrum von Gelegenheiten eröffnet, sich als Trottel aufzuführen. Statt *vous* beginnen sie einen mit *tu* und *toi* anzureden, eine Form der Vertrautheit, die ihr eigenes Verb hat: *tutoyer*.

Der Tag, an dem ein Franzose vom förmlichen Sie zum vertrauten Du übergeht, ist ein Tag, den man ernst nehmen muß. Es ist ein unmißverständliches Zeichen, daß er sich entschlossen hat – Wochen oder Monate oder manchmal sogar Jahre nach dem Kennenlernen –, daß er einen mag. Es wäre ungeschickt und unfreundlich, das Kompliment nicht zu erwidern. Und da fühlt man sich also gerade mit dem *vous* und all den dazugehörigen Formen des Plurals vertraut und wird nun Hals über Kopf in die singuläre Welt des *tu* geworfen. (Es sei denn, man folgt dem Beispiel von Expräsident Giscard d'Estaing, der anscheinend sogar die eigene Frau mit *vous* anredet.)

Aber wir hangeln uns durch, wir begehen alle möglichen Sünden gegen die Grammatik und den Gebrauch des Genus, machen lange und peinliche Umwege, um die Sümpfe des Konjunktivs zu umgehen und die Klüfte in unserem Vokabular zu überspringen und hoffen, daß unsere neuen Freunde nicht gar zu entsetzt darüber sind, wie sehr wir ihre Sprache verstümmeln. Sie sind so nett, uns zu versichern, daß unser Französisch sie nicht schaudern macht. Ich wage das zu bezweifeln, doch an einem gibt es keinen Zweifel: Sie wollen uns dabei helfen, daß wir uns in ihrer Mitte zu Hause fühlen, und dies gibt dem täglichen Leben eine Wärme, die nicht vom Sonnenschein herrührt.

Das ist jedenfalls unsere Erfahrung. Sie trifft offenbar nicht auf alle zu, und einige Menschen glauben uns dies nicht, oder es erfüllt sie sogar mit Ressentiments. Man hat uns das Verbrechen unzulässig guter Laune vorgeworfen, kritisiert, daß wir bei kleinen Problemen ein Auge zudrücken, daß wir unentwegt ignorieren, was immer wieder als die dunkle Seite des provenzalischen Charakters umschrieben wird. Dieses ominöse Klischee wird präsentiert und behängt mit Ausdrücken wie unehrlich, faul, bigott, raffgierig und brutal. Als ob das ausgesprochen provenzalische Eigenschaften wären, die der Ausländer – ein ehrlicher, fleißiger, vorurteilsfreier und ganz allgemein tadelloser Mensch – in seinem Leben hier zum erstenmal kennenlernt.

Es stimmt natürlich, daß es in der Provence Halunken und Bigotte gibt, so wie es ja überall Halunken und Bigotte gibt. Aber wir haben Glück gehabt; die Provence ist gut zu uns gewesen. Wir werden in keinem fremden Land je mehr als Dauergäste sein können, aber man hat uns hier willkommen geheißen und glücklich gemacht. Wir haben nichts zu bedauern, nur über wenig zu klagen und viel Grund zur Freude.

Merci, Provence.

Glossar

A

à demain	bis morgen
l'ambiance	die Stimmung, die Atmosphäre
à mon avis	meiner Meinung nach
l'ange	der Engel
l'anglais	der Engländer
allez!	los!
elle arrive	sie kommt
au courant	auf dem laufenden
aucun problème	kein Problem
l'attestation	die Bescheinigung, das Zeugnis
l'autoroute	die Autobahn
avoir faim	Hunger haben

B

le baba au rhum	Napfkuchen, der mit Sirup und Rum übergossen wird
le ballonnement	Blähung
la bastide	Land-, Bauernhaus in der Provence

beaucoup d'allure	viel Stil
le beau temps	das schöne Wetter
le Bicentenaire	Zweihundertjahrfeier (der Französischen Revolution)
le blagueur	der Angeber
bon anniversaire	alles Gute zum Geburtstag
la bonhomie	die Gutmütigkeit
bonne soirée	guten Abend
bon voyage	gute Reise
bon weekend	schönes Wochenende
le bosquet	das Wäldchen, Gehölz
la bouffe	das Essen, Fressen
la boulangerie	die Bäckerei
le boum	die Fete
le braconnier	der Wilderer
le bronzage	die Bräunung

C

le cageot	die Steige
ça marche	es funktioniert
le cambrioleur	der Einbrecher
le canard	die Ente
casser la pipe	ins Gras beißen
la cave	der Keller
le céleri	der Sellerie
certain	sicher
le certificat sanitaire	Gesundheitszeugnis
c'est bizarre, non?	das ist komisch, oder?
c'est dommage	es ist schade
c'est fini	es ist vorbei

c'est vrai	das stimmt
la charcuterie	Wurstwaren
le chasseur	der Jäger
chaud	warm, heiß
cher collègue	lieber Kollege
la cheminée	der Kamin
le chien méchant	der bissige Hund
le chien de race	der Rassehund
le chien truffier	der Trüffelhund
la cigale	die Grille
le clairvoyant	der Hellseher
le cochon	das Schwein
la combinaison	hier: Overall
commencer	anfangen
comment?	wie?
comment dirais-je?	wie soll ich sagen?
comme il est beau	wie schön er ist
comme toujours	wie immer
le commerçant	der Händler
le congélateur	die Tiefkühltruhe
la connerie	der Blödsinn
constipé	verstopft
content	zufrieden
le contrat	der Vertrag
la contravention	die Übertretung
les couilles	umgangsspr. für: Hoden
cracher	spucken
crise de foie	von den Franzosen für alle Arten von Bauchschmerzen verwendeter Ausdruck

D

d'accord	einverstanden
le dallage	der Plattenbelag
décontracté	entspannt, locker
la dégustation	die (Wein-)probe
le déjeuner	das Mittagessen
démodé	altmodisch
désagréable	unangenehm
de rien	bitte (nach: danke)
deux fois par jour	zweimal am Tag
le digestif	der Verdauungsschnaps
Dieu merci	Gott sei Dank
Dieu protège la France	Gott schütze Frankreich
le doigt	der Finger
le douanier	der Zöllner
doux	mild

E

l'eau-de-vie	Schnaps
l'eau-de-vie de poires	der Birnenschnaps
écrasé	erdrückt, plattgewalzt
l'écrevisse	der Krebs
l'embonpoint	die Korpulenz, Wohlbeleibtheit
en colère	wütend
enfin	endlich
en plus	außerdem
enregistré comme record mondial	als Weltrekord verzeichnet

ensoleillé	sonnig
entre chien et loup	die Dämmerung
l'épicerie	Lebensmittelgeschäft
épouvantable	furchtbar
l'escroc	der Schwindler, Gauner
les espadrilles	Leinenschuhe
évidemment	natürlich
extraordinaire	außergewöhnlich

F

la faucille	die Sichel
la ferme	der Bauernhof
le feu d'artifice	das Feuerwerk
la fève	die Saubohne
la flûte	die Flöte
le foie gras	die Gänseleberpastete
fort	stark
la fraise de bois	die Walderdbeere

G

la garrigue	immergrüne Strauchheide in Südfrankreich
le gigot	die Keule (Kochen)
la glace	das Eis
le glaçon	Eis (zum Kühlen von Getränken)
le grippe-sous	Pfennigfuchser

H

le haricot (vert)	die (grüne) Bohne
l'homme d'affaires	der Geschäftsmann
honnête	ehrlich, ehrbar
l'huissier	Gerichtsvollzieher, Amtsdiener

IJ

il n'est pas du coin	er stammt nicht aus dieser Gegend
imbattable	unschlagbar
imbécile	dumm, blöd
impeccable, auch *impecc* abgekürzt	tadellos, makellos
l'inconvénient	der Nachteil, die Unannehmlichkeit
jamais	nie

L

le lapin	der Hase
légalement contrôlé	gesetzlich kontrolliert
le loup de mer	der Seewolf

M

le machin	das Ding(s)
le maçon	der Maurer
magnifique	wunderbar

manger	essen
la mairie	Rathaus, Bürgermeister-amt
la maison de maître	das Herrenhaus
la maison de rêve	das Traumhaus
le maître de chai	der Kellermeister
malheureusement	leider
le mas	Land-, Bauernhaus in Südfrankreich
merde!	Scheiße!
la merveille	das Wunderwerk
le métier	der Beruf
le mistral	südfranzösischer Wind
mon Dieu!	mein Gott!
montez!	steigen Sie ein!
les moules	die Muscheln
le mouton	das Schaf

N

le négociant	der Händler
n'est-ce pas?	nicht wahr
normalement	normalerweise

O

l'œuvre	das Werk
on se promène	man geht/wir gehen spazieren

PQ

partout	überall
pas cher	nicht teuer
pas du tout	gar nicht
pas mal	nicht schlecht
pastis	südfranzösischer Anisschnaps, Aperitif
pas grande chose	nichts Großes, nicht viel
le pâté	die Pastete
le paysan du coin	der Bauer aus der Gegend
le permis	die Erlaubnis, der Schein
une petite fortune	ein kleines Vermögen
peut-être	vielleicht
la piscine	der Swimmingpool
la plage	der Strand
le pompier	der Feuerwehrmann
le poulet	das Hühnchen
le poulet de Bresse	das Bresse-Huhn
pressé	in Eile
la prétention	der Anspruch, Ehrgeiz
la putain	Hure, hier meist als Fluch gebraucht
quelle horreur!	wie schrecklich!

R

le rapport qualité-prix	das Preis-Leistungs-Verhältnis
la rascasse	der Drachenkopf
recommencer	wieder anfangen

regardez!	schauen Sie!
le régime	die Diät
le restaurant est ouvert	das Restaurant ist geöffnet
rigide	starr, steif
les rillettes	feingehacktes, gekochtes und als Konserve aufbewahrtes Schweinefleisch
le riz	der Reis
le routier	der Fernlastfahrer

S

le sac à main	die Handtasche
la salle de fêtes	der Festsaal
le sanglier	das Wildschwein
sans goût	geschmacklos
le saucisson	das Würstchen
le seiche	der Tintenfisch
la serviette	das Handtuch
sinon rien	sonst nichts
le succès fou	der Wahnsinnserfolg
le suppositoire	das Zäpfchen

T

tant mieux	um so besser
la tarte aux pommes	Apfelkuchen
le tenue de chasse	die Jagdkleidung
les toilettes publiques	öffentliche Toiletten

tout le monde	alle
tout seule	ganz allein
trottez!	Trab!

V

les vacances	die Ferien
le vacherin	Käsesorte
la vedette	der Star
la vie rustique	Landleben
le voleur	der Dieb
vous rigolez	Sie machen Witze
vous voyez?	Sehen Sie?

Knaur

Romane von Colette

(1522)

(1523)

(1524)

(1525)

Weitere Romane von Colette bei Knaur:

Duett (1343)
Eifersucht (1344)
Chérie (1345)
Die Freuden des Lebens (1346)

Knaur

À la française

(8064)

(3271)

(3191)

(2070)

(3137)

(2987)

Eine kulinarische Hommage an das Land des Lichts. Das Buch über eine Küche der Armut und des Reichtums, des Weins und der Kräuter, des Knoblauchs und des Olivenöls. Ein Provence-Buch der Superlative.

252 Seiten mit über 700 Farbfotos und 160 Rezepten. Großformat 22 x 31 cm. Leinen im Schuber.

Droemer Knaur

Außerdem in gleicher Ausstattung erschienen: Toskana, Venetien und Friaul, Schweiz, Baden.

Peter Mayle war fünfzehn Jahre in der Werbebranche tätig, bevor er begann, Bücher zu schreiben. Seine Werke sind in siebzehn Sprachen übersetzt worden, und er hat für zahlreiche englische Zeitungen gearbeitet.

Von Peter Mayle sind außerdem erschienen:

»Mein Jahr in der Provence« (Band 3248)
»Hurra, wir sind nicht schwanger« in Zusammenarbeit mit Arthur Robins (Band 2913)

Dieses Buch wurde auf chlor- und säurefreiem Papier gedruckt.

Deutsche Erstausgabe Dezember 1992
© 1992 für die deutschsprachige Ausgabe Droemersche Verlagsanstalt Th. Knaur Nachf., München
Das Werk einschließlich aller seiner Teile ist urheberrechtlich geschützt. Jede Verwertung außerhalb der engen Grenzen des Urheberrechtsgesetzes ist ohne Zustimmung des Verlages unzulässig und strafbar. Das gilt insbesondere für Vervielfältigungen, Übersetzungen, Mikroverfilmungen und die Einspeicherung und Verarbeitung in elektronischen Systemen.
Titel der Originalausgabe »Toujours Provence«
© 1991 Peter Mayle
Originalverlag Alfred A. Knopf, New York
Umschlaggestaltung Adolf Bachmann, Reischach
Umschlagfoto Wilfried Becker
Satz DTP ba · br
Druck und Bindung Ebner Ulm
Printed in Germany 5 4
ISBN 3-426-60053-6